乡村生产生活热点解答 系列

家庭农场

经营有道

JIATING NONGCHANG
JINGYING YOUDAO

赵海燕　唐　衡　主编

中国科学技术出版社

·北　京·

图书在版编目（CIP）数据

家庭农场经营有道 / 赵海燕，唐衡主编 . —北京：
中国科学技术出版社，2018.7
ISBN 978-7-5046-7917-8

Ⅰ. ①家… Ⅱ. ①赵… ②唐… Ⅲ. ①家庭农场－农场管理
Ⅳ. ① F324.1

中国版本图书馆 CIP 数据核字（2018）第 128118 号

策划编辑	张　金
责任编辑	乌日娜
装帧设计	中文天地
责任校对	焦　宁
责任印制	徐　飞

出　　版	中国科学技术出版社
发　　行	中国科学技术出版社发行部
地　　址	北京市海淀区中关村南大街16号
邮　　编	100081
发行电话	010-62173865
传　　真	010-62173081
网　　址	http://www.cspbooks.com.cn

开　　本	889mm×1194mm　1/32
字　　数	91千字
印　　张	3.875
版　　次	2018年7月第1版
印　　次	2018年7月第1次印刷
印　　刷	北京长宁印刷有限公司
书　　号	ISBN 978-7-5046-7917-8 / F・866
定　　价	20.00元

本书编委会

主　编

赵海燕　唐　衡

编著者

许　萍　郑金龙　李春乔

孟　蕊　安嘉文

前　言

　　党的十九大提出"实施乡村振兴战略，积极培育新型农业经营主体，加快推进农业农村现代化，实现小农户和现代农业发展有机衔接"。家庭农场作为新型经营主体之一，它以农民家庭成员为主要劳动力，以农业经营收入为主要收入来源，利用家庭承包土地或流转土地，从事规模化、集约化、商品化农业生产，能较好解决目前我国因一家一户、小规模经营导致的竞争力低下的困局，适应现代农业的进一步发展。此外，随着城镇化进程的加快，农民进城务工成为趋势，我国面临着农业兼业化、农村空心化、农民老龄化等问题，家庭农场是解决"谁来种地"的一个好办法。但在实际操作过程中，因为农民知识水平和技术水平有限，综合素质能力有待提高，在创办家庭农场的过程中会遇到许多困难，不能较好地经营管理家庭农场，进而影响农民的收入水平。

　　鉴于以上原因，笔者编写了《家庭农场经营有道》一书。本书首先对家庭农场进行了概述，让农民了解什么是家庭农场，在此基础上介绍如何确定家庭农场规模、如何进行融资、如何进行土地流转，以及怎样创办和管理家庭农场等内容。希望通过本书内容帮助农民解决在创办家庭农场过程中遇到的困难，提高农民经营家庭农场的能力，促进农民增收，推动农业现代化发展。

本书在编写过程中参考和借鉴了许多学者的研究成果，得到了很多同行、专家的指导与帮助，在此一并感谢！

因笔者水平有限，书中难免存在不足和不当之处，恳请各位同行专家和广大读者批评指正！

编著者

目录 | Contents

Q1 什么是家庭农场?

家庭农场一词来源于欧美国家。

（1）美国　家庭农场包括以下 5 个方面的内容：①生产一定数量的农产品并且出售；②有足够的收入（包括非农收入）支付家庭和农场的运营、债务等各项支出；③农场主自己经营管理农场；④由农场主及其家庭负责提供劳动力；⑤农场主可以在农忙时使用雇工，也可以雇佣少量的长期工人。

（2）俄罗斯　家庭农场是享有法人权利的独立生产的经营主体。它可由农民个人及家庭成员组成，并在利用终身占有、继承的土地和资产的基础上进行农业生产、加工和销售。

（3）日本　虽然没有关于家庭农场的明确定义，但是其关于农户与经营体的划分，尤其是关于销售农户和家庭经营体的划分，可以为我们理解家庭农场的定义提供帮助。农业经营体指直接或接受委托从事农业生产与农业服务，并且经营面积或金额达到一定规模的农业经济组织。农业经营体可分为家庭经营体和组织经营体（法人），其中家庭经营体与家庭农场的概念相近。

（4）中国　2014 年 2 月，我国农业部在《关于促进家庭农场发展的指导意见》中提出，家庭农场指以家庭成员为主要劳动力，从事农业规模化、集约化、商品化生产经营，并以农业收入为家庭主要收入来源的新型农业经营主体，是农业现代化的重要组织形式。

家庭农场概述

Q2 创办家庭农场有哪些好处？

①家庭农场整合利用了先进的农业科技，示范推广了农业高新技术，节约了生产成本。

②家庭农场加入了农业保险，提高了抵抗自然灾害的能力，并且得到政府政策扶持，不断扩大种植规模，提高了经济效益。

③家庭农场使用安全放心的农资，并且按有机农业实施标准化生产，生产出有机、环保的农产品，让消费者吃得放心。

④创办家庭农场使闲置的土地发挥了最大效益，是解决"谁来种地"的一个好办法。

⑤家庭农场是现代农业的一个发展方向，它为加快农业发展、示范推广农业新科技、提高科技贡献率提供了有效途径。

总的来说，家庭农场一方面坚持以传统农户经营为主的生产特性，另一方面又扩大了经营规模，解决了长久以来传统农业经营分散、规模小等问题。最重要的是，家庭农场是解决农业兼业化、农村空心化、农民老龄化等问题的一个好办法。

Q3 家庭农场的经营类型有哪些？

家庭农场主要有 3 种类型：种植类家庭农场、养殖类家庭农场、种养结合类家庭农场（表 1-1）。

（1）种植类家庭农场　种植类家庭农场指的是进行种植业生产的农场，一般包括粮食生产、蔬菜生产、果树生产、工业原料生产、林木培育等类型的农场。种植类家庭农场是当前创办农场的主流方向，也是国家重点鼓励发展的农场类型。虽然其受环境

表1-1　家庭农场的类型

类　型	具体形式
种植类家庭农场	粮食生产类、蔬菜生产类、果树生产类、工业原料生产类、林木培育类等
养殖类家庭农场	畜养殖类、家禽养殖类、水产养殖类等
种养结合类家庭农场	既有种植项目又有养殖项目，两者以特定方式联系在一起

影响较大，在大规模生产过程中很难做到全程监控，但是可以依赖家庭成员这个共同利益体的优势进行监管，从而降低管理成本。

案例1　种植类家庭农场

果树种植

四川省自贡市贡井区白庙镇，因塔罗科血橙闻名，这一品种的引进，与一位叫李必祥的农场主密不可分。早在1985年，自学果树种植的李必祥就通过承包土地的方式，靠种植柑橘起家，成了远近闻名的致富能手。如今30多年过去了，李必祥在白庙镇的果园已经有25亩（1亩≈667平方米），其中10亩血橙、5亩不知火、10亩丰脐。

该家庭农场主要是半机械化作业，对人力的需求很少，一年到头，基本上都是家庭成员在干。由于技术过硬、硬件有保障、扶持力度大，李必祥农场的果子产量一直很稳定，亩产至少能达到3500千克，平均每亩收益约为2万元，除一半多的投入外，其他都是纯收入。

按照李必祥的经验，引种是关键。种植果树需要不断引进新品种，进行试种。2012 年，他引进了 15 个新品种，仅引种费就 75 000 元，再加上苗子的费用和杂费，差不多要投入 10 万元。引种的成功率往往不到 10%，但如果不引种，品种又容易被市场淘汰。最终李必祥通过一次次实践，决定种植血橙、不知火及丰脐这 3 个品种，年收益达到 50 万元，成为当地典范。

（资料来源：371 种植致富网）

（2）**养殖类家庭农场**　养殖类家庭农场一般包括家畜养殖、家禽养殖、水产养殖等类型的农场。进行养殖业生产的家庭农场对农场主的要求较高，一般需要农场主有较高的知识水平和较强的市场竞争能力。目前来看，养殖类家庭农场发展的主要方向是"龙头企业＋农户"。大型的养殖企业作为龙头企业，有更雄厚的资金、先进的生产技术及较强的管理能力。因此，家庭农场通过与农业龙头企业分工合作，有利于降低经营风险，提高经济效益。

案例 2　养殖类家庭农场

鱼猪共生

鸿翔种猪繁殖养殖场位于江西省上饶市鹅湖镇。养殖场推行"饲料喂猪，猪粪养鱼"的猪鱼配套的立体养殖，实现"鱼猪共生"，循环利用。生猪的大量排泄物排入水中会产生微生物，而鲢鱼、鳙鱼又以水中的微生物为食，立体养殖让猪、鱼、微生物三者之间达到一种和谐的生态平衡，这也属于可持续循环型低碳养殖。

农场主朱鸿翔是退伍军人。2004年退伍回乡，他放弃了父亲的珍珠、鳗鱼养殖，投进10万条鱼，在水边建了十几间猪舍，引进三元杂交良种母猪，从安徽省高薪请来两个技师，实施科学立体养殖。他还自购饲料机加工饲料，自置生猪病虫预防治疗器械，给猪防虫治病。虽然70亩山林使用率还不到一半，但朱鸿翔没采纳亲朋好友养家禽的建议。为了避免交叉感染，朱鸿翔拒绝混养。

2008年，朱鸿翔争取到了国家环保改建项目，建好了300立方米的沼气池，为小猪取暖提供了不竭的能源。通过近10年的发展，朱鸿翔的养殖场发展到如今有良种母猪300余头、年出栏3 000多头猪的规模，鱼池产鱼也由刚开始年产1 500多千克增长到75 000多千克。近几年，朱鸿翔养的猪和鱼外销率达到70%以上。如今，靠立体养殖大显身手的朱鸿翔，不仅让自己家人的生活更上一层楼，还带动了周边养殖户共同致富。

（资料来源：371种植致富网）

（3）**种养结合类家庭农场** 种养结合类家庭农场是指既有种植项目又有养殖项目的农场，并且两者是以特定方式联系在一起以实现种养结合的目的。具体来说，种养结合类家庭农场主要利用种植业为养殖业提供饲料，养殖业又为种植业提供优质化肥。两者的结合以实现互利共赢为目的，为种养结合类家庭农场提供了巨大的利益空间。

案例3 种养结合类家庭农场

养鸡+种菜+摘草莓

在湖北省武汉市新洲区武汉生物工程学院后面，36岁的陶国民创办的家庭农场一年收入上百万。2000年，陶国民退伍回到家乡武湖村，花2000元养了500只鸡。经过9年发展，他养的鸡达到3万只。养鸡场里每天只需要2个小时就能完成鸡群养护和蛋品销售，其他时间闲着没事。附近的农民常到养鸡场拉鸡粪做肥料，象征性给点儿钱。时间一长，陶国民盯上了生物工程学院后面一大片撂荒的土地，慢慢地流转了一些荒地。

2009年，他开始自种草莓，第二年就开始赚钱。陶国民种的蔬菜和草莓，施的是现成的有机肥，3万只鸡排出大量粪便与烂菜叶混合，在沼气池里发酵成沼液，可以让190亩地"吃"个够，还能有多余的鸡粪出售。如果只施复合肥，190亩地一年至少需要肥料费20万元。而陶国民有鸡粪做主肥，每年只需买3万~4万元的复合肥搭配一下，不仅节约了至少16万元成本，还是正宗的农家有机肥，让菜和草莓长得好。附近学校师生和单位员工都愿意到他的农场摘草莓，学校食堂和二级批发商也愿意买农场的菜。近2年，陶国民的家庭农场年收入都在70万~100万元。

（资料来源：371种植致富网）

Q4 家庭农场与农户家庭经营有何不同？

农户家庭经营是农民家庭独立或相对独立地从事农业生产经营活动，并获得经营成果的组织形式。家庭农场是从农户家庭经营衍生而来，坚持了家庭经营的基础性地位。两者的联系表现在：两者都是以家庭作为农业生产活动中的基本单位。

家庭农场与农户家庭经营的不同之处有 3 方面（表 1-2）。

表 1-2　家庭农场与农户家庭经营的不同之处

类　别	家庭农场	农户家庭经营
经营目的	追求利润最大化	自给自足
经营规模	较大的生产规模，实现较高水平的专业化、规模化和标准化生产	生产规模较小，专业化、规模化和标准化生产相对滞后
经营管理方式	企业化管理	管理方式相对传统和落后

（1）**经营目的不同**　家庭农场追求利润最大化，农户家庭经营仅仅是为了自给自足。因此，传统的农户家庭只能称为单纯的农产品生产者，而不能称为完全的农产品经营者。农户家庭经营属于自然经济要求的农业个体生产经营范畴，很难在竞争激烈的市场经济环境下立足。

（2）**经营规模不同**　家庭农场具有较大的生产规模，能实现较高水平的专业化、规模化和标准化生产。农户家庭经营生产规模较小，种植面积不大，并且专业化、规模化和标准化生产情况相对滞后。

（3）**经营管理方式不同**　家庭农场采取企业化管理，在人力管理、财务管理和营销管理上都向着现代企业发展。农户家庭经营则考虑的是自给自足，较少考虑扩大规模、扩展市场和销售等问题，管理方式相对传统和落后。

Q5 家庭农场与专业大户有何不同？

家庭农场与专业大户的联系表现在：家庭农场是种养大户的升级版，它来源于专业大户，是企业化、法人化的专业大户。

家庭农场与专业大户的不同之处有 4 方面（表 1-3）。

表 1-3　家庭农场与专业大户的不同之处

类　别	家庭农场	专业大户
经营者身份	农民家庭成员	农民或其他身份的人
生产经营领域	种养业、综合经营	某一行、某一环节的专业经营
劳动力	以家庭成员为主，雇工为辅	对雇工没有限制
集约化、商品化程度和管理水平	较高	一般

（1）经营者身份不同　家庭农场一般都是独立的农业法人，主要以家庭成员为主要劳动力从事生产经营。专业大户的经营者可以是农民，也可以是其他身份。

（2）生产经营领域不同　家庭农场主要从事种养业、综合经营。专业大户从事某一行、某一环节的专业经营。

（3）劳动力不同　家庭农场以家庭成员为主，雇工为辅。专业大户对雇工没有限制，有的大户自己不种地，生产过程完全依靠雇工。

（4）集约化、商品化程度和管理水平不同　家庭农场集约化、商品化程度和管理水平较高。专业大户在集约化、商品化程度和管理等方面水平则一般。

Q6 家庭农场与农民专业合作社有何不同？

家庭农场与农民专业合作社的联系表现在：一方面，农民专业合作社对家庭农场提供服务，可为家庭农场提供资金、信息、农业技术、农产品加工等服务；另一方面，家庭农场之间的联合也为合作社的形成提供了基础，有利于农民专业合作社的发展和壮大。

家庭农场与农民专业合作社的不同之处有 5 方面（表 1-4）。

表 1-4　家庭农场与农民专业合作社的不同之处

类　别	家庭农场	农民专业合作社
经营目的	盈利	先服务，后盈利
法人类型	独资市场主体	合作性质的市场主体
决策机制	自己做主	民主管理，民主决策
利益分配	家庭的主要收入来源	在弥补亏损及提取公积金、公益金、风险发展基金后的盈利为合作社的可分配盈余
对所负债务承担的责任	以家庭共同所有的财产承担民事责任	以其账户内记载的出资额和公积金份额为限承担责任

（1）**经营目的不同**　家庭农场具有营利的目的。农民专业合作社以服务成员为主要目的，在服务成员的基础上再营利。

（2）**法人类型不同**　家庭农场是独资市场主体。农民专业合作社是合作性质的市场主体。

（3）**决策机制不同**　家庭农场的一切事物由农场主自己决策。农民专业合作社实行的是民主管理，民主决策。

（4）**利益分配不同**　家庭农场的盈利是家庭的主要收入来

源。农民专业合作社在弥补亏损及提取公积金、公益金、风险发展基金后的盈利为合作社的可分配盈余，这个可分配盈余的60%要按照交易量（额）返还给社员，以交易量（额）进行分配。

（5）**对所负债务承担的责任不同**　家庭农场虽有名义注册资本，但对所负债务不以投入经营的财产为限，而是以家庭共同所有的财产承担民事责任；农民专业合作社用以对外承担责任的独立资产包括成员的出资、公共积累、政府扶持的资金和社会捐助，农民专业合作社成员只以其账户内记载的出资额和公积金份额为限对债务承担责任。

Q7　家庭农场与农业产业化龙头企业有何不同？

家庭农场与农业产业化龙头企业的联系表现在：家庭农场为农业产业化龙头企业提供原材料；农业产业化龙头企业在农产品深加工、增值、销售等方面的优势可为家庭农场的农业生产过程提供社会化服务。在实践中，可以引导家庭农场与农业产业化龙头企业发挥各自优势，联合发展。例如，采取"龙头企业＋家庭农场""龙头企业＋农民专业合作社＋家庭农场"等方式，支持和鼓励农业产业化龙头企业带动家庭农场发展。

家庭农场与农业产业化龙头企业的不同之处有3方面（表1-5）。

表1-5　家庭农场与农业产业化龙头企业的不同之处

类　别	家庭农场	农业产业化龙头企业
生产规模	适度规模	大规模
劳动力资源	家庭成员为主，雇工为辅	雇佣劳动力
经营管理方式	向企业化发展	实行现代企业制度

（1）**生产规模不同**　家庭农场是适度规模。农业产业化龙头企业的生产规模相对较大。

（2）**劳动力资源不同**　家庭农场的劳动力以家庭成员为主，农忙时雇佣少量工人。农业产业化龙头企业的劳动力都为雇工。

（3）**经营管理方式不同**　家庭农场经营管理方式不断向企业化发展，并逐步提升和完善。农业产业化龙头企业的农产品生产、包装、品牌和销售等方面均发展比较成熟，在经营管理方式上实行现代企业制度。

Q8 家庭农场有哪些特征？

（1）**家庭成员是主要劳动力**　家庭农场以家庭为主要生产单位，主要依靠家庭成员进行生产活动，在农忙的时候雇佣少量工人，且临时性雇工的人数一般不能超过家庭成员从事农业生产的人数。劳动人员可以是户籍意义上的核心家庭成员，也可以是有血缘或姻缘关系的大家庭成员。

（2）**农业是生产经营主业**　家庭农场专门从事农业。区别于小农户和以非农产业为主的兼业农户，家庭农场是以提供商品性农产品为目的而开展专业化生产。家庭成员可能会在农闲时外出打工，但其主要劳动场地还是在农场，以农业生产经营为主要收入来源，且不低于农村平均收入水平。据农业部2013年调查，家庭农场的农业生产经营收入占家庭收入的比例要达到80%以上。

（3）**以适度规模经营为基础**　家庭农场的适度规模经营体现在两方面：一方面是种养规模与家庭成员的劳动生产能力和经营管理能力相适应，符合当地规模经营的标准。这样既能充分发挥全体成员的潜力，又能避免因雇佣工人太多而降低效率。另一方面是取得相对较好的农业生产经营收入，即家庭农场的人均收入能达到甚至超过当地城镇居民收入水平。

（4）**具备法人性质**　家庭农场依法经工商注册登记，领取营业执照，取得市场主体资格，并根据生产规模和经营需要，设立为个体工商户、个人独资企业、普通合伙企业或者公司。区别于未注册登记的自然人或农村家庭承包户，经登记后的家庭农场具有场所、拥有营业执照和税务发票等，进行会计核算，可以注册品牌或有可使用的品牌，是具备法人性质的市场经济组织，具有相对较高的经营管理水平和诚信度。

Q9 家庭农场有哪些功能？

（1）**保障农产品商品化供给**　家庭农场是农产品商品化生产、重点农产品供给保障的主要力量。传统分散农户经营规模小、集约化水平低，商品化供给量少，与我国工业化、城镇化对农产品需求刚性增长形成鲜明对比。此外，在各类新型农业经营主体中，专业大户专门从事某一行业、某一环节的专业经营，农民专业合作社更多地提供地社会化服务，农业龙头企业更多地从事农产品产后流通和加工，相比较而言，只有家庭农场在进行种养业或综合经营。因此，保障农产品商品化供给成为家庭农场的首要功能。

（2）**转变现代农业发展方式**　家庭农场区别于传统家庭经营的主要标志是以农业经营为主、以农业收入为主。在现阶段的传统家庭经营中，兼业收入成为很多地区农户家庭的主要收入。相比之下，家庭农场以农业经营为主，有利于资金、科技的投入，可有效推动农业规模化、专业化、机械化和科技化的发展。同时，通过引入企业管理制度，家庭农场的管理更加规范化。作为新型

农业经营主体，家庭农场既能发挥家庭经营的独特优势，又能克服传统家庭经营的弊端，从而可以有力推动传统农业向现代农业转型发展。

（3）培养新型职业农民 新型职业农民是指具有科学文化素质、掌握现代农业生产技能、具备一定经营管理能力，以农业生产、经营或服务作为主要职业，以农业收入作为主要生活来源，居住在农村或乡镇的从事农业的人。农村劳动力大量向二、三产业转移及新生代农民对土地的"陌生"，导致留守农业人员总量相对不足、整体素质偏低、结构不合理等。然而，新型职业农民将从事农业作为固定乃至终身职业，成为真正的农业继承人。家庭农场主的培养和成长，也正是新型职业农民的形成和成长过程（表1-6）。

表1-6 新型职业农民的特点

特 点	含 义
市场主体	具有独立经济利益和资产，从事市场交易活动的法人或自然人
全职务农	新型职业农民全职务农，把务农作为终身职业
自主创业	对自己拥有的资源进行优化整合，创造出更大的经济价值
较高收入	具备较大经营规模，具有较高收入
较高地位	具有较高的社会地位，受到社会的尊重

Q10 我国家庭农场是怎样形成的？

（1）奠基阶段（1949—1978年） 新中国成立前，农村土地归地主私有。1949年新中国成立初期，我国农村通过土地改革，建立农民个人所有制，广大农民成了土地的主人。然而由于当时生产力极度落后，土地改革后我国进行了合作化道路的探索，最终在农村建立了吃大锅饭的人民公社制度。此阶段土地改革和合作化运动中的土地产权改革，为家庭农场在中国的产生奠定了制度上的原始基础。

（2）初始阶段（1978年至20世纪90年代） 1978年以后，我国确立了家庭联产承包责任制，使得农民拥有了土地承包经营权。随着生产力的发展，农村剩余劳动力越来越多，进而流向城市从事其他行业，而这部分人所承包的土地逐渐无人耕种。与此同时，农村中逐渐涌现出一部分热爱农业、会技术、懂管理的"种田能手"和"大户"，他们通过承包和流转土地以获得更多的土地来耕种和从事规模化农业。这便是家庭农场的雏形。

（3）发展阶段（21世纪初至2012年） 进入21世纪以后，中国的一些地区如吉林、上海、浙江等地，积极探索如何发展好和培育好家庭农场。据统计，2003年在浙江省慈溪市注册登记的家庭农场已经超过50家；2007年在上海市松江区被认定的家庭农场已经达到597家。截至2012年年底，农业部确定的33个农村土地流转规范化管理和服务试点地区，已经有家庭农场6 670个。

（4）提升阶段（2013年至今） 2013年，中央一号文件将"家庭农场"作为新型生产经营主体正式提出。在国家的引导和鼓励下，全国范围内开始积极鼓励发展家庭农场。以河南省商丘市为例，据统计2011年该市注册的家庭农场仅1个，2013年为20个。2014年年底，浙江省经工商登记注册的家庭农场有17 955个，比2013年增长95.4%。2016年，河南省经工商登记的家庭农场有35 392个，占全国家庭农场总量的4.07%。

Q11 家庭农场的发展需要哪些条件？

（1）农业劳动力的转移　随着生产力的不断发展，以及工业化和城市化进程的不断加深，农业劳动力的释放和转移是家庭农场得以形成和发展的首要条件。农业劳动力从农村转移到城市，从农业转移到非农业，家庭联产承包责任制下的这部分劳动力便有可能将所承包的土地进行流转。同时，季节性的农业劳动力转移为我国家庭农场中季节性雇工提供了劳动力供给。

（2）农村土地的有序流转　进行土地流转是发展家庭农场的决定条件。土地流转的前提条件是界定和保障土地产权，其内容主要包括两方面：①保障农民的土地承包经营权；②流转后保障土地经营使用权。没有家庭承包经营权的物权化保障，农民就不愿意也不敢流出土地，以避免土地承包经营权的受损或丧失；没有流转后土地经营权的保障，土地流入主体的家庭农场就难以获得长期、稳定的土地使用权，生产经营就没有可持续性。

（3）农户向新型职业农民转型　家庭农场虽区别于企业，但家庭农场的规模化、集约化、商品化等经营特点，要求家庭农场主必须由传统意义上的农户向新型职业农民转型。作为一种新型农业生产经营主体，家庭农场在激烈的市场竞争中，不仅需要良好的内部管理，还需要良好的外部经营，这就要求家庭农场主不仅要懂技术，还要有文化、有理念、会经营、善管理。一方面需要家庭农场主自身素质的提高；另一方面则更大程度上有赖于政府或公共组织的培养和引导。

（4）社会化服务体系日渐成熟　农业社会化服务体系是指在家庭承包经营的基础上，为农业产前、产中、产后各环节提供服务的各类机构和个人所形成的网络。它是由农业科技服务、农业信息服务、农产品流通服务、农村金融服务等多个子系统组成的相互作用、相互融合的综合体。目前，农业社会化服务体系的发展水平已成为衡量一个国家农业现代化程度的重要标志。相对而言，社会化服务体系发展越成熟，越有利于家庭农场的产生和发展。

Q12 家庭农场的发展状况如何？

（1）发展速度较快　家庭农场从 20 世纪 80 年代在我国形成至今，已如雨后春笋般在全国各地涌现。2013 年 3 月，农业部启动全国家庭农场调查工作，调查结果显示，全国已有超过 87.7 万个家庭农场，经营耕地面积达到 1.76 亿亩，占全国承包耕地总面积的 13.4%。截至 2014 年年底，浙江省经工商登记注册家庭农场 17 955 个，比 2013 年增长 95.4%；2016 年，河南省经工商登记的家庭农场有 35 392 个，占全国家庭农场总量的 4.07%。

（2）经营内容以种养业为主　截至 2012 年年底，在调查的 87.7 万个家庭农场中，从事种植业的有 40.95 万个，占 46.7%。截至 2014 年年底，辽宁省从事种植业的家庭农场 2 586 个，从事养殖业的家庭农场 269 个，共占该省总量的 88.19%；河北省从事种植业的家庭农场 15 404 个，从事养殖业的家庭农场 12 308 个，共占该省总量的 91.53%；四川省从事种植业的家庭农场 6 804 个，从事养殖业的家庭农场 5 016 个，共占该省总量的 86.86%。由此可见，家庭农场经营内容以种养业为主。

（3）经营规模较大　截至 2012 年年底，家庭农场的平均经营规模达到 200.2 亩，约是全国承包农户平均经营耕地面积 7.5 亩的 27 倍。截至 2014 年年底，辽宁省家庭农场的平均经营面积为

260.3 亩；河北省家庭农场的平均经营面积为 126.3 亩；江苏省家庭农场的平均经营面积为 194 亩。

（4）经营收入水平高　家庭农场一般都有注册商标，有的还申请为无公害农产品，农产品的价格较高，这就决定了家庭农场的收入水平要高于当地农户的平均水平。2012 年，全国家庭农场的经营总收入为 1 620 亿元，每个家庭农场的平均收入为 18.47 万元，是 2011 年全国农户平均家庭经营收入 2.32 万元的近 8 倍。2015 年，山西省种植业家庭农场平均纯收入为 8.9 万元，以一个家庭农场 4 个人计算，种植业家庭农场人均收入在 2.2 万元以上，高于 2014 年农村居民人均可支配收入 9 454 元，高于农民外出务工收入 21 682 元，相当于城镇居民人均可支配收入水平。

（5）政策扶持力度大　近年来从中央一号文件到地方政策（表 1-7），均给予家庭农场以较大的政策扶持，较好地促进了家庭农场的发展。

表 1-7　家庭农场扶持政策

年　份	制定者	政策文件	政策内容
2013 年	中共中央国务院	《中共中央国务院关于加快发展现代农业进一步增强农村发展活力的若干意见》	坚持依法自愿有偿的原则，引导农村土地承包经营权有序流转，鼓励和支持承包土地向专业大户、家庭农场、农民合作社流转，发展多种形式的适度规模经营
2014 年	农业部	《关于促进家庭农场发展的指导意见》	从工作指导、土地流转、落实支农惠农政策、强化社会化服务、人才支持等方面提出了促进家庭农场发展的具体扶持措施
2017 年	农业部	《2017 年农村经营管理工作要点》	指导各地完善家庭农场认证标准和管理办法，建立健全全国家庭农场动态名录和信息数据库。鼓励各地创建示范家庭农场，培育一批基础条件好、经营管理好、生产效益好的示范家庭农场

2012 年，全国各类扶持家庭农场发展的资金总额达到 6.35 亿元，国家连续出台金融及补贴等具体政策，扶持家庭农场健康发展。

2013 年，国务院出台的《中共中央国务院关于加快发展现代农业进一步增强农村发展活力的若干意见》指出：继续增加农业补贴资金规模，新增补贴向主产区和优势产区集中，向专业大户、家庭农场、农民合作社等新型生产经营主体倾斜。坚持依法自愿有偿的原则，引导农村土地承包经营权有序流转，鼓励和支持承包土地向专业大户、家庭农场、农民合作社流转，发展多种形式的适度规模经营。

2014 年，农业部出台《关于促进家庭农场发展的指导意见》，从工作指导、土地流转、落实支农惠农政策、强化社会化服务、人才支撑等方面提出了促进家庭农场发展的具体扶持措施。

2017 年，农业部网站发布的《2017 年农村经营管理工作要点》指出：我国将引导家庭农场规范发展，指导各地完善家庭农场认证标准和管理办法，建立健全全国家庭农场动态名录和信息数据库。鼓励各地通过开展示范家庭农场创建活动，培育发展一批基础条件好、经营管理好、生产效益好的示范家庭农场。

Q13 哪些因素限制了家庭农场的发展？

（1）土地流转不规范 当前农村土地流转仍然存在不规范的现象，导致这个现象的原因有两个：①土地流转的期限较短，而且租金上涨速度较快，致使土地流转的成本过高。②土地确权还不规范，农户不愿意长期流转，害怕受到损失。因此，家庭农场难以获得较为稳定的土地经营权。

（2）家庭农场主经营管理的能力不强 在家庭农场的实际发

展中，由农户等转型而来的家庭农场主在生产技能、种养经验等方面非常娴熟，但在经营管理、市场预测、科技信息等方面的能力却比较欠缺。这与目前家庭农场主的年龄和学历构成等方面息息相关，也体现出培训及教育的重要性。

（3）社会化服务体系有待完善　目前，与发达国家相比，我国社会化服务水平相对较低，尤其是乡镇一级机构的服务水平还比较落后。政府涉农部门、农民专业合作组织和农业龙头企业等各类组织在给家庭农场提供服务时，往往也倾向于把追求自身利益放在首位，没有很好地服务于农民。

（4）多元化发展趋势有待培育　从长远来看，家庭农场的发展应该体现出多元化的特点。在目前以传统种养业为主要经营范围的同时，家庭农场应该向农产品加工、市场咨询、科技服务、观光休闲、科普教育等更广阔的领域拓展。但是，扶持政策的缺乏创新、具体扶持落实较难等现象制约着家庭农场的个性化和多元化发展。

家庭农场规模的确定

Q1 什么是家庭农场适度规模经营？

家庭农场是有组织、有规模的新型经营主体。家庭农场面积的大小，应该根据不同农户家庭的实际情况来确定，并且要与整个农业生产水平和机械化程度等基本条件相适应。

总体而言，适度规模经营是个相对的概念，要根据每个地方的生产力水平而确定。例如，上海市松江区的家庭农场平均规模确定在100～150亩；山东省栖霞市的一对夫妇将全部精力都用在果园的种植上，最多也只能经营5亩地；黑龙江省由于地大物博，每个劳动力开着拖拉机可以种300多亩地，一个家庭如果有3个劳动力，那么这个家庭农场的规模可以达到近千亩。所以，每个地区的情况是不一样的，要因地制宜。

Q2 影响家庭农场经营规模的主要因素有哪些？

（1）资源禀赋情况　影响家庭农场规模的最主要因素就是资源禀赋，即一个地区的人口数量结构、地理环境、自然条件等资源。例如，人口和耕地面积的多少、自然条件状况的好坏、地理位置的优劣等都是影响家庭农场经营规模的因素。以粮食为例，安徽省提出集中连片经营规模应在200亩以上，重庆市提出应在50亩（一年两熟地区）或100亩（一年一熟地区）以上，江苏省提出以100～300亩为最佳，上海市提出以100～150亩为最佳。

（2）自我经营能力　现代家庭农场的规模应以它的经济收入高于其他岗位的经济收入为前提条件。同时，现代家庭农场应结合自己的实际情况和经营能力来确定经营规模。在一定面积下，能够提高农业劳动生产率和增加农民收入的规模就是合适的规模。

（3）经营项目内容　不同的经营项目耗费的时间和人力不同，因此家庭农场的经营规模也不尽相同，要根据不同的经营项目合理分配经营面积。例如，以种植谷物为主或以种植牧草为主的家庭农场经营规模会比较大，而以种植蔬菜为主或以休闲旅游业为主的家庭农场经营面积则相对较小。

（4）社会经济环境　家庭农场经营规模的大小还要考虑到社会经济水平因素，即家庭农场经营的面积要与社会经济水平相适应。例如，社会经济发达的地区，其社会化服务较为完善，农业机械化程度相应较高，家庭农场的经营规模就会较大一些；相反，社会经济较不发达的地区，其社会化服务水平和农业机械化程度相应较低，家庭农场的经营规模则较小。

Q3　如何确定家庭农场的经营规模？

（1）种植类家庭农场的经营规模　种植类家庭农场是进行种植业生产劳动的经营主体，影响其经营规模确定的重要因素是劳动消耗情况。不同的作物有不同的种植过程，不同的种植过程所需要的人工消耗也是不同的。所以，农场主应该提前调查好经营项目每亩地的劳动消耗情况，计算出每亩地的劳动用工合计数，然后可以大致得出该经营项目的经营规模。此外，农事操作对劳动力需求也具有明显的季节性，要考虑到种植的科学搭配，尽量做到全年利用劳动力资源。

（2）养殖类家庭农场的经营规模　养殖类家庭农场经营规模确定的重点在于农场的经济实力和投融资能力，要在投资能力范围内实现规模效益。养殖业的农事操作范围比较固定，劳动数量容易确定，劳动过程也比较好监控，因此养殖类家庭农场可以考虑短期内雇佣少量工人。例如，畜禽养殖类家庭农场主可以用 100 只来测算劳动用工需求，水产养殖类家庭农场主可以按水域面积测算劳动用工需求，进而以此为依据来确定农场经营规模。

（3）种养结合类家庭农场的经营规模　种养结合类家庭农场经营规模比较复杂，除了要分别对种植业经营项目和养殖业经营项目进行劳动用工需求测算外，还要考虑因生产项目服务外包所减少的劳动消耗。农场主要结合成功的经验，综合决定经营规模。

Q4 我国家庭农场的规模是怎样的？

我国地大物博，每个地区的自然条件和社会经济条件各不相同。从资源禀赋方面来看，综合农业区一般划分为九大农业区。东北地区是劳均种植面积最大的区域，劳均种植面积为 13.35 亩；华南地区是劳均种植面积最小的地区，劳均种植面积为 3.3 亩。相应地，不同地区的家庭农场经营规模也是不同的。以种植类家庭农场为例，平均经营规模最大的是内蒙古及长城沿线的家庭农场，每户可达 3 000 亩，而华南地区的平均经营规模是最小的，每户仅为 30 亩，内蒙古地区经营规模是华南地区的 100 倍。这与不同地区的土地产出率、劳动生产率、资源禀赋及最终获得的收益密不可分。根据我国农业地理的特点及家庭农场的经营规模情况，我国家庭农场可分为 4 个模式：东北模式、华北模式、南方模式、西北模式（表 2-1）。

表2-1 我国家庭农场的模式

类　型	区域范围	举　例
东北模式	黑龙江省、吉林省、辽宁省	黑龙江省经营面积786万亩，平均每个家庭农场275亩
华北模式	北京市、天津市、河北省、河南省、山东省、山西省	河北省经营面积382.4万亩，平均每个家庭农场126.3亩
南方模式	江苏省、浙江省、福建省、广东省、安徽省、江西省、湖南省、湖北省、四川省、重庆市、贵州省、广西壮族自治区、云南省、海南省	浙江省经营面积190.5万亩，平均每个家庭农场106.1亩
西北模式	陕西省、宁夏回族自治区、甘肃省、内蒙古自治区、新疆维吾尔自治区、青海省、西藏自治区	陕西省经营面积55.1万亩，平均每个家庭农场147.5亩

数据来源:《中国统计年鉴2014》。

Q5 国外家庭农场的规模是怎样的？

目前，家庭经营是世界上大多数国家农业的经营方式。在发达国家中，法国、美国、德国和英国等欧美国家以家庭农场作为主要经营方式的比重分别占到88%、86%、77%和69%。每个国家的家庭农场经营规模因各国劳均耕地面积的不同而不同。一般而言，劳均耕地面积越大，经营规模就越大。国外家庭农场根据规模大小可分为3种类型（表2-2）：①美国是大型家庭农场的典型，平均经营规模在3 000亩以上，劳均耕地面积5 651亩；②法国是中型家庭农场的典型，平均经营规模在600亩以上，劳均耕地面积2 898亩；③日本是小型家庭农场的典型，平均经营规模在30亩以下，劳均耕地面积264亩。

表2-2　国外家庭农场的分类

类　型	典型国家	平均经营规模（亩）	劳均耕地面积（亩）
大型家庭农场	美国	＞3 000	5 651
中型家庭农场	法国	＞600	2 898
小型家庭农场	日本	＜30	264

Q6　如何确定家庭农场的规模是否合适？

（1）在家庭成员经营能力限度内　家庭农场的经营规模应该与家庭成员的劳动生产能力和经营管理能力相适应。在一定面积下，只要有利于提高农业劳动生产效率和增加农民收入的经营规模，就是合适的规模。

（2）能达到较高的"三率"水平　家庭农场的土地产出率、劳动生产率和资源利用率高于普通农户和种养殖户，那么这个家庭农场的经营规模就是合适的规模。

（3）收入高于普通农户　现代家庭农场的经营规模应以它的经济收入不低于从事其他岗位的经济收入为前提条件，并获得与当地城镇居民相当的收入水平。

家庭农场适度经营规模是个动态概念，它不是一成不变的。家庭农场经营规模会随着经济发展水平、经营能力情况和机械化程度的提高而发生相应的变化。

Q7　什么是种植规模效益？如何计算？

目前家庭农场总收益要高于普通农户，主要原因是家庭农场种植面积较大，产生了规模经济效益。规模经济效益是指在适度的规模所产生的最佳经济效益，即在一定产量范围内，由于生产规模扩大而导致长期平均成本下降的现象。家庭农场大规模种植与农户小规模种植相比，在单位效益上虽没有太多优势，但是家庭农场如果能获得农业技术专家和管理方面专家的有效指导，就能获得规模经济效益，从而提高农场收入。

下面以一对夫妇经营露天玉米种植和大棚蔬菜种植为例来计算种植规模效益。

（1）露天玉米种植规模效益分析

①收入　该夫妇将除了大棚以外的地方全部都种植玉米，亩产一般可达 1 000 千克，亩产最高可达 1 200～1 250 千克。以当地平均的亩产和玉米价格来计算，1 亩地的产值为 2 200 元，这个收益与普通农户是一样的。

②成本投入　玉米的种植成本是每亩 1 040 元，主要包括：土地流转费用 500 元、各种投入费用 540 元（化肥 200 元、种子 100 元、机械化耕地 2 次 80 元、机械化种植 30 元、机械化采收 100 元、打药 30 元）。

普通农户种植玉米的投入成本是每亩 410 元，比家庭农场少 630 元。主要差别在于：普通农户一般采用的是人工种植，而家庭农场多采用机械化种植，每亩 30 元；普通农户大多是自己采收，而家庭农场使用机械采收，每亩 100 元；普通农户无须支付土地流转费，而家庭农场需要支付土地流转费，每亩 500 元。

此外，在政策扶持上，对家庭农场流转土地没有任何补贴，而农户种植玉米每亩可获得 70 元补贴。

因此，家庭农场和普通农户种植玉米的每亩收益分别为 1 160 元、1 860 元，所以每亩地种植玉米的收益家庭农场比普通农户少。但是，从总量上考虑，家庭农场的收益比普通农户多。

其表现在：家庭农场今年共种了170亩玉米，总收益为19.72万元；普通农户平均每户种植玉米是5.57亩，总收益为10360元。

③规模测算　对家庭农场和普通农户两种经营进行临界分析：家庭农场要种植多少（x）面积玉米才能和普通农户种植玉米（y）的效益一致？即1160x＝1860y，得出x/y=1.6。那么，家庭农场种植的面积必须达到当地平均种植面积的1.6倍以上，才能保证和普通农户的收益一样。

（2）大棚蔬菜种植规模效益分析　该家庭农场所建的蔬菜大棚是暖棚，6个棚共占地10亩。

①收入　该家庭农场先种植黄瓜，待黄瓜下架后，改种植白菜。

品种：黄瓜，产量：5 000千克，产值：1.2万～1.3万元。

品种：白菜，产量：5 000千克，产值：0.7万元。

该家庭农场的总收入为2万元。

②成本投入　大棚蔬菜投入共计7 800元，主要包括化肥农药等费用3 000元，雇工费用4 000元，土地流转费800元（一个棚平均占地1.6亩，每亩500元）。

因此，家庭农场一个大棚的净收入是1.22万元；普通农户由于少支付了雇工费和流转费，净收入为1.7万元。

③规模测算　对家庭农场和普遍农户进行临界分析：家庭农场要多少（x）个大棚才能和普通农户（y）的效益一致？即1.22x＝1.7y，得出x/y＝1.39。那么，家庭农场种植大棚的个数必须达到普通农户平均种植大棚个数的1.39倍以上才能保证收益。

因此，随着成本的增加，家庭农场想要获得比较理想的经济效益，需要根据自己的实际情况和经营的项目进行规模扩张。

家庭农场的融资

三

Q1 什么是融资?

融资就是资金筹集的过程,它是通过借贷和资金的有偿补助进行的商业性活动。家庭农场是一个特殊的企业法人,其融资的最大目的是解决资金紧张问题,从而进行家庭农场的经营与管理,以及满足家庭农场的进一步扩大再生产。因此,家庭农场需要根据自身发展特点、经营状况及未来需要资金的多少,通过分析与决策,合理进行融资。

Q2 家庭农场融资的好处有哪些?

(1)有利于增加家庭农场的流动资金 在农村信用社贷款、工商资本和民间借贷发展有限的情况下,目前国家加强了对农村金融创新的改革力度,如农村惠普金融进入发展等,缓解了农场主为钱发愁的压力,增加了农场主的流动资金。

(2)加强家庭农场抗风险能力 家庭农场经营主要以第一产业为主,受自然环境的影响较大。在农业生产时,融资可以有效规避因资金短缺而无法进行农业生产的局面,解决不可预见的风险问题。

(3)促进农业经济建设又好又快发展 随着经济全球化和网络化发展,农产品更加高效快捷地进入市场。家庭农场主可以充分利用融资资金,扩大生产规模,进行广告推广,提高品牌影响力,从而推动农业市场化进程,进而增加农民收入。

Q3 影响家庭农场融资的主要因素有哪些?

（1）家庭农场抵抗风险能力　它是指家庭农场解决已发生的或不确定的危险或危害的能力。在农业生产中，家庭农场主要面临自然风险、市场风险和安全风险这三大风险的威胁。因此，家庭农场融资时，银行等金融机构会对其整体运行情况进行评估，分析其抵抗风险的能力并划分等级，从而决定家庭农场能够融资多少资金。

（2）家庭农场固定资产情况　家庭农场固定资产情况是影响其融资的因素之一。在农场发展过程中，家庭农场融资贷款的主要形式是固定资产抵押，因此固定资产是决定家庭农场融资的重要依据。家庭农场固定资产越大，融资能力越强；家庭农场固定资产越小，融资能力越弱。

（3）家庭农场主受教育水平　家庭农场受家庭农场主的专业素质影响。家庭农场主的种养殖经验相对丰富，但若其受教育水平相对不高，将会严重影响其贷款行为的顺利进行。例如，一些家庭农场主由于对财务相关知识不太熟悉，无法制作并提供一份完整、清晰的财务报表，使得银行在审批贷款时无法估计家庭农场的资金利润率，大大降低了贷款的成功率。

（4）政府扶持力度　政策扶持力度越大，越有利于家庭农场的发展。在家庭农场融资过程中，一方面，如果政府给予金融机构更多的降息政策和优惠政策，金融机构将设立更有利于农户贷款的条例来刺激农户贷款，以解决现有问题；另一方面，如果政府加强对家庭农场的补贴政策和扶持力度，如加强对家庭农场生产和经营方面的培训管理，家庭农场就有更强的自主意识、创新意识，因此家庭农场进行融资时会更加容易。

Q4 家庭农场的融资类型有哪些？

家庭农场融资大致分为两大类，即自筹融资和贷款融资。

（1）**自筹融资** 自筹融资是家庭农场依靠内部积累进行的融资，主要由家庭农场留存收益和折旧组成。它是家庭农场主为了满足基础设施投入的需要，且难以从金融机构取得贷款时采取的融资方式。

（2）**贷款融资** 贷款融资包括两种方式：向亲友借款和向银行贷款。其中，融资贷款银行主要有农业银行、农村商业银行、农村信用社等，它们能给家庭农场提供相应的资金贷款和帮助。

随着经济发展，各大金融机构加大涉农信贷投放，改变传统贷款模式，解决抵押难问题，使得一些抵押贷款新模式相继得到发展，如农村承包经营权抵押、大型农机设备抵押、活禽畜抵押等。

Q5 家庭农场申请银行贷款的程序是什么？

家庭农场向银行申请贷款的程序主要包括5个环节（图3-1）。

| 申请 | 调查审批 | 签订合同 | 发放贷款 | 贷后还款 |
| 第一步 | 第二步 | 第三步 | 第四步 | 第五步 |

图 3-1　家庭农场申请贷款的程序

（1）**申请** 家庭农场需要在计划年（季）度开始之前，提前向开户银行提出借款要求，这时银行会把这个贷款列入农业的贷款计划中，并且向上级部门报备审批。

（2）**调查审批**　开户银行对家庭农场进行调查分析，主要分析家庭农场现有的盈利能力，并对最近 3 个月的收入、支出情况进行了解，进而提出贷款的一些意见和建议。同时，银行按照规定的流程进行审批。

（3）**签订合同**　签订合同时，双方都要明确自己的经济责任，并签字盖章。合同一式两份，各持一份。

（4）**发放贷款**　在批准下达的计划内，由家庭农场申请，开户银行逐笔核定发放。借款人如有临时性的资金需要，可以申请临时贷款。每笔贷款要由借款人开立借据。

（5）**贷后还款**　贷款到期，借款人按时足额归还贷款本息，如要展期应在借款到期日之前，向银行提出贷款展期申请，是否展期由银行决定。

此外，家庭农场在向银行申请和办理贷款时，还要特别注意以下事项：①家庭农场贷款到期 10 天前，开户银行要向借款人发出贷款到期通知，促使按期还款。借款人若不能如期归还贷款，要事先提出申请，经银行审查同意，方可办理延期手续。对不申请延期或未经批准延期而逾期归还贷款的，按规定加收利息。②贷款的报批程序、审批权限，由各省、自治区、直辖市的各个分行确定。

Q6 家庭农场申请银行贷款的要求是什么？

（1）以个人名义申请银行贷款的要求

①**户籍要求**　借款人必须拥有本地户口，并且从事家庭农场的经营。

②**信用情况**　家庭农场的经营状况良好，无不良信用记录和拖欠他人资金等情况。

③贷款限制　借贷人必须是家庭农场股东，借贷资金主要作为家庭农场流动资金。

④相关材料　身份证、房产证、存款、家庭农场资金等相关状况。

（2）以公司名义申请银行贷款的要求

①相关材料　贷款需要五证齐全，即营业执照、组织机构代码、税务登记证、社会保险登记证、统计登记证。

②级别鉴定　银行对家庭农场进行评级，根据家庭农场的规模进行贷款金额的测算。

③资产评估　对于新办家庭农场，银行需要评定各类资产的价值，综合判定贷款额度。

④担保方式　主要有以下3种方式：一是质押贷款，二是抵押贷款，三是担保公司进行担保。不提供信用贷款方式。

⑤贷款用途　贷款用于家庭农场经营过程中的日常生产、生产设备购置、农业资源开发、农业结构调整及其他与家庭农场经营相关的各项支出。

⑥贷款期限　根据家庭农场的生产、经营周期确定贷款期限，授信期限最长不超过5年，且授信到期日距家庭农场土地承包经营权到期日1年以上。

⑦贷款利率　按中国人民银行公布的《贷款利率定价管理办法》的规定执行。

⑧还款方式　贷款期限在1年以内的，采用银行规定的还款方式；贷款期限在1年以上的，可采用等额本息的还款方式。

Q7 家庭农场申请银行贷款时应准备哪些材料？

家庭农场向银行申请贷款时，需要准备的材料主要包括以下 9 项：①申请书；②家庭农场营业执照；③家庭农场的介绍；④三证:《农村土地承包经营权证》《农村土地承包经营权流转合同》《林权证》；⑤相关农机具证明；⑥家庭农场法人身份证及法人介绍；⑦有验资报告的提供验资报告；⑧近 3 个月的资产负债

案例 1　家庭农场贷款申请书范例

我叫×××，是×××村人，2016 年在×××里面散养羊。这里阳光充足，水质良好，草料来源广阔，很适合发展规模养羊业。养羊以来我坚持严格的饲养管理模式，不断提高技术水平和标准化生产方法，取得了明显的效益。

本人在 2016 年共计养羊 500 余只，出售 300 只羊收入约 15 万元；买入小羊 100 只，支付约 7 万余元；支付工人工资 4 万元；支付运费约 1 万元，饲料、防疫、管理费约 5 万元，本人 2016 年养羊纯收入为 11 万元。当前农村部分劳力在外打工，无力耕种土地，加之党的优惠好政策，我愿大力发展，建立家庭农场。

特此申请，敬请上级部门给予批准！

申请人：

联系电话：

年　月　日

表和财务说明；⑨还款计划说明。

以上材料都需要加盖申请办理贷款的家庭农场的公章。

Q8 家庭农场申请银行贷款时应注意哪些事项？

①家庭农场贷款的发放，要坚持贷前调查、贷时审查、贷后检查的"三查"制度原则。家庭农场要向银行提供资金运行状况等资料，并接受银行对贷款使用情况的检查，确保不滥用信贷资金。

②家庭农场贷款，没有经银行同意不得将贷款用于他用，不得将贷款转给其他人。对挪用贷款的，银行有权根据不同情节采取收回原来的贷款、停止新贷款、按规定罚息等信贷制裁措施。

③家庭农场应该充分重视承包经营农地的合法性和稳定性、家庭稳定性、财务运营状况、个人品行、新型担保方式的合法合规性、价值稳定性、处置变现的难易程度等因素，确保开户银行对家庭农场有全方位的了解。

④在家庭农场整合重组时，借款人要及时归还贷款或办理贷款转移手续。

⑤开户银行要及时办理落实贷款债务，家庭农场贷款人员根据债务具体要求进行还款。

Q9 家庭农场如何提高自身融资能力？

（1）加强家庭农场与政府、金融机构三方协同合作　家庭农场应该充分利用政府给予的金融性补贴政策，改善自身发展条件，加强对基础设施，尤其是农业基础设施的投入，从而为农业发展提供基础；积极了解金融机构的贷款限制，争取银行、信用社放宽对农场主的限制，降低贷款利率，实行差异性贷款模式，对不同贷款政策应该出台不同管理办法。家庭农场应该广泛地收集各种信息，力争获取这些政策的资金帮助和扶持项目，从而减轻农场的融资压力。

（2）进行联保贷款　家庭农场之间可以相互合作，实行联保贷款，提高综合抗风险能力。一方面，实行联保贷款可以增强银行对家庭农场的信用判断，提高贷款额度；另一方面，实行联保贷款可以增加家庭农场之间的信息交流，共同抵抗资金风险问题。家庭农场之间只有在加强交流的基础上，不断分享贷款方面的经验和教训，才能更好地解决家庭农场融资贷款问题，提高自身融资能力。

Q10 政府对家庭农场融资有哪些扶持政策？

近年来，政府相继出台了一系列家庭农场融资的扶持政策（表 3-1）。

表 3-1　家庭农场金融扶持政策

年　份	制定者	政策文件	扶持政策
2013 年	中国农业银行	《中国农业银行专业大户（家庭农场）贷款管理办法（试行）》	担保抵押政策
2014 年	中国人民银行	《关于做好家庭农场等新型农业经营主体金融服务的指导意见》	信贷支持政策
2015 年	国务院	《深化农村改革综合性实施方案》	农业补贴政策
2016 年	中共中央办公厅、国务院	《关于落实发展新理念加快农业现代化实现全面小康目标的若干意见》	金融政策

（1）**担保抵押政策** 2013 年，中国农业银行出台《中国农业银行专业大户（家庭农场）贷款管理办法（试行）》。针对农村地区担保难的问题，该政策创新了农机具抵押、农副产品抵押、林权抵押、农村新型产权抵押、"公司＋农户"担保、专业合作社担保等担保方式，还允许对符合条件的客户发放信用贷款。

（2）**信贷支持政策** 2014 年 2 月，中国人民银行出台《关于做好家庭农场等新型农业经营主体金融服务的指导意见》，并且明确指出要切实加大对家庭农场等新型农业经营主体的信贷支持力度，采取灵活方式确定承贷主体，按照"宜场则场、宜户则户、宜企则企、宜社则社"的原则，简化审贷流程，确保其合理信贷需求得到有效满足。

（3）**农业补贴政策** 2015 年 11 月，中共中央办公厅、国务院办公厅印发《深化农村改革综合性实施方案》，指出要完善农业补贴制度，保持农业补贴政策连续性和稳定性，将现行的"三项补贴"（农作物良种补贴、种粮直补、农资综合补贴）合并为"农业支持保护补贴"，优化补贴支持方向，突出耕地保护和粮食安全。

（4）**金融政策** 2016 年，中央一号文件《关于落实发展新理念加快农业现代化实现全面小康目标的若干意见》提出，推动金融资源更多向农村倾斜，进一步改善存取款、支付等基本金融服务；引导互联网金融、移动金融在农村规范发展，将发展农村金融租赁业务；全面推进农村信用体系建设，加快建立"三农"融资担保体系。

案例 2 部分地区的补贴政策

全国各地加大对家庭农场扶持

目前全国各地相继推出针对家庭农场的直补、流转土地租金补贴、贷款贴息补贴、农机补贴、农资补贴等金融政策。

安徽宿州：家庭农场连片流转土地 100 亩以上的，每亩奖补 200 元，连补 3 年，分年度兑现；对从事设施农业、养殖、特色种植等产业被认定为中小型和大型家庭农场的，分别给予一次性奖补 3 万元和 5 万元。

山东曲阜：家庭农场注册登记 200 亩以上、合同 5 年以上、总投资 30 万元以上的，最高可拿到 10 万元补贴。

江苏铜山：经营稳定、推广应用新技术且平均效益比普通农户高 30% 以上的家庭农场，给予 3 万～5 万元的奖励。同时，扶持组建家庭农场协会，农产品实行统一种植销售，年销售额在 100 万元以上的家庭农场，给予实际销售收入 1% 的奖励，最高不超过 5 万元。对经营家庭农场所申请的银行贷款，予以贴息扶持，每个贴息对象年贴息最高额度为 5 万元，可连续享受。

（资料来源：第一农经，2017-02-16，http://news.Inongjing.com/a/201702/166332.html）

家庭农场的土地流转

四

Q1 什么是土地流转？

土地流转是指土地使用权方面的流转。它是将农户手中的土地经营权以承包等方式转让给其他农民或组织主体，让他们代替农户进行土地耕种，以获取出租土地的报酬。

Q2 土地流转的好处有哪些？

（1）有利于增加农民的收入，有效解决土地无人耕种和荒漠化等问题　农民通过土地经营权流转，整合土地种植面积，利用现代化科学技术，提高农业土地利用率，增加单位生产值，使农民获得更多的经济收入。此外，土地流转增加了荒地的使用，能有效扩大土地使用面积，增加农民收入。

（2）有利于规模化、机械化和高效化发展　一方面，土地流转有利于规模化的形成，并有利于使用一些现代化机械，让更多的人能从农业劳动中脱离出来，去从事其他行业，达到资源高效利用的目的；另一方面，土地流转能促进新技术、新模式运用到农业推广上来，提高农业生产效率。

（3）有利于促进经济发展　随着城市化进程的加快，农民纷纷进入城镇生活，这将推动房产、交通、医疗、教育及其他配套生活设施的建设，提高人们的生活水平。

Q3 土地流转方式有哪些？其注意事项有哪些？

（1）**转包**　转包是指承包人把自己承包的部分或全部土地，以一定条件发包给第三者。在承包方与第三者确定转包关系后，承包方与发包方依据土地承包合同确定的权利、义务关系不变。转包不是土地所有权的转让，只是转让土地的使用权，由第三者从事耕种等生产活动。

注意事项：①流转双方签字盖章并到村集体经济组织登记备案，同时要注意合同双方都要签字盖章，或者以书面方式委托他人签字。②说明流转土地的基本信息、时间、用途等问题。③约定双方违约责任，特别要对解除和修订合同进行约定。

（2）**出租**　出租是指农户将部分或全部土地的承包经营权以一定期限出租给他人从事农业生产和经营。出租后原土地承包关系不变，农民继续履行原土地承包合同规定的权利和义务。承租方按出租时约定的条件对农民负责。

注意事项：①出租人应将地上建筑物及其他附着物随同土地使用权同时租赁。②出租人和承租人应当签订土地使用权租赁合同。③承租人必须按土地使用权出让合同规定的期限和条件投资开发和利用土地。④承租人必须继续履行土地使用权出让合同的其他规定。⑤出租人应当办理登记。

（3）**互换**　互换是指农民之间为方便耕作或者各自需要，对属于同一集体经济组织的承包地进行交换，同时交换相应的土地承包经营权。

注意事项：①互换以双方通过家庭承包方式取得有效土地承包经营权为前提。互换的双方仅限于本集体经济组织的农户。

②互换土地是出于相互之间的耕种方便或者各自管理的需要。③土地承包经营权可以等价互换，也可以不等价互换，在不等价互换情况下，可用金钱补足差价。④互换土地的双方当事人之间应当订立书面合同。采用互换方式流转土地承包经营权的，应报发包方备案。⑤互换土地一般应向县级以上地方人民政府申请登记。

（4）转让 转让是指农民有稳定的非农职业或者有稳定的收入来源，经农民申请和发包方同意，将部分或全部土地承包经营权让渡给其他从事农业生产经营的农户，由其履行相应的土地承包合同的权利和义务。土地转让后，原土地承包关系自行终止，原农民承包期内的土地承包经营权部分或全部消失。

转让的土地为国有土地时，应注意以下4点。

①转让合同的形式 国有土地使用权转让应当签订书面转让合同，明确双方的权利义务。土地使用权转让时，土地使用权转让合同和登记文件中所载明的权利、义务随之转移。

②国有土地的权属调查和资信能力调查 转让合同签订之前，要对转让方的转让主体资格进行核实，转让方须是国有土地使用证上载明的土地使用者。土地使用者为国有或集体单位的，应提交有资产处分权的机构出具的同意转让的证明。转让方需要认真审查受让方的资信能力，包括银行资金证明、有无重大债务纠纷等内容，以免造成土地使用权转让后资金无法收回的结局。

③转让价格评估事宜 转让前，应该对土地转让价格进行评估，若土地使用权转让价格明显低于市场价格，市、县人民政府有优先购买权。土地使用权转让的市场价格不合理上涨时，市、县人民政府可以采取必要的措施予以调控，尤其是转让方为国有单位时，国有土地及相关资产须经法定估价机构估价，并经国土部门予以确认。

④有土地使用权转让的担保　拟转让的国有土地使用权是否存在问题，是受让方必须关注的。转让合同签订之前，受让方必须到国土部门、房地产主管部门对拟转让的国有土地使用权进行调查，核实有无抵押、是否采取司法限制。鉴于有无土地权属及相关争议不易调查，加之受让方的履约能力难以判断，应明确双方相互提供担保。

（5）入股　入股是指实行家庭承包方式的承包方为发展农业经济，将土地承包经营权分别按股份计算，农户自愿出资，自愿联合从事农业合作生产。

注意事项：①入股应当在坚持农户家庭承包经营制度和稳定农村土地承包关系的基础上，遵循平等协商、依法、自愿、有偿的原则。农村土地承包经营权流转不得改变承包土地的农业用途，流转期限不得超过承包期的剩余期限，不得损害利害关系人和农村集体经济组织的合法权益。②土地出资是使用权出资，而不是所有权。

Q4 土地流转程序是什么？

土地流转共包括以下 6 个环节。

（1）提出申请　土地流出方的村民小组或村民委员会提出申请并填写流转申请书，内容包括姓名、村名、面积、地名、价格、期限、联系电话等，由村流转信息员向乡（镇）土地流转服务站报送。

土地流入方的乡（镇）土地流转服务站提出申请并填写土地流转申请表，内容包括姓名、单位、需求面积、意向流转期限、拟从事经营项目、联系电话等，由乡（镇）土地流转服务站办理并向县土地流转服务中心备案。

（2）**审核、登记** 流出方土地情况审核按照"属地核实"的原则，经村民小组和村民委员会同意并办理相关手续后，进行登记。乡（镇）土地流转服务站对流入方的经营能力和经营项目进行审核后，进行登记。

（3）**流转价格评估** 流转土地价格由流转双方当事人协商决定，或委托乡（镇）土地流转服务站组织有关人员评估土地流转价格，作为参考依据。流转面积较大的，可由县土地流转服务中心组织专家进行评估。

（4）**信息发布** 乡（镇）土地流转服务站根据流转价格评估结果及土地流转双方提供的信息，在交易服务场所进行信息发布，并约请流转当事人会面，平等洽谈，自愿协商。乡（镇）土地流转服务组织作为管理、服务机构，协助土地流转双方依法自愿当面洽谈流转价格、期限等相关事宜。

（5）**签订合同** 土地流转双方协商一致达成流转意向后，按程序签订统一文本格式的土地流转合同。

家庭农场土地承包经营权流转合同主要包括以下内容：①双方当事人的姓名、住所；②流转土地的名称、坐落、面积、质量等级；③流转的期限和起止日期；④流转土地的用途；⑤双方当事人的权利和义务；⑥流转价款及支付方式；⑦违约责任。

（6）**鉴定、归档** 土地流转合同文本一式五份，经乡（镇）鉴定。流转面积较大的应该在双方自愿的基础上进行公证。合同文本流转双方各执一份，其余三份分别由村、乡（镇）、县归档备案。

Q5 土地流转合同管理要注意哪些事项？

（1）**科学设计示范合同** 合同设计要坚持严密性和灵活性相

结合的原则。严密性是指合同设计要细化，明确责任双方的追溯力度，对直接责任、间接责任、连带责任等进行科学区分。灵活性是指根据家庭农场经营与农业生产的特点，对生产情况进行合理预测，并在适当的范围内，将波动幅度合理化、合法化。例如，双方可以依据市场变化情况，协商确定一个土地租金调整范围，以此作为保证合同继续履行的措施。

（2）做好合同建档分级工作 针对不同规模的土地流转行为，其流转合同副本、洽谈记录等资料应分别建档管理，并造册登记，定期上报土地流转管理部门。同时，还应依托土地流转信息服务网络，建立电子档案，落实专人负责流转情况的登记、整理、立卷、归档和管理工作，建立一户一表、一村一册的土地流转合同登记制度。

（3）加强合同变更管理 对于流转双方自行签订的流转合同，要严格备案，及时将新签、续签、转包、到期解约等流转合同信息录入信息管理系统，建立土地流转合同动态信息库。合同变更是索赔的重要依据，因此对合同变更的处理要迅速、全面、系统。合同变更既要在合同设计中体现出来，又要在合同履行过程中予以保障。

（4）完善流转委托手续 在强化土地流转合同管理的同时，还要进一步完善流转委托手续，以规范土地流转行为。委托要出具书面授权委托书，说明代理事项、代理权限、期限等，并有委托人的签名或盖章。发包方接受农户委托后，要依法代理，不得超越农户授权，损害农民利益。已委托流转但未签订委托书的，要补办委托手续。委托手续不规范的，要及时纠正完善。对流转期限超过农户委托年限的，要及时变更或重新办理委托手续。

Q6 土地经营模式有哪些?

（1）农村集体建设用地入市模式 在符合管理规定的情况下，允许农村集体经营性建设用地可以出让、租赁、入市，实行与国有土地入市相同待遇、相同价格和相同权力。缩小征地范围，规范征地程序，完善对被征地农民合理、规范、多元保障机制。扩大国有土地有偿使用范围，减少非公益性用地划拨。建立兼顾国家、集体、个人的土地增值收益分配机制，合理提高个人收益。完善土地租赁、转让、抵押二级市场。

（2）土地信托模式 土地信托是土地所有权人（委托人）为有效利用土地、提高不动产的开发经营效率，将土地信托予受托人，由受托人利用其专业规划与管理，将开发经营的利润作为信托受益分配金交付给受益人。大部分的土地信托年限在 30 ~ 50 年。

（3）反租倒包模式 反租倒包是指村集体根据群众意愿，由乡或村集体将农民承包的土地"反租"回来，经过投资开发，再承包给个人或单位（往往是有经营能力的种养能人或经济实体），由接包方向集体缴纳承包费，同时给转包土地使用权的农民以经济补偿。

（4）"电商 + 农地流转"的众筹消费模式 "电商 + 农地流转"的众筹消费模式是运用"新型农业电商模式 + 土地流转"的方式，将土地充分与互联网方式结合，形成"O2O"发展模式，消费者通过网络进行预约定制土地流转面积，依法进行土地的经营与管理。

案例 1　农村土地流转

一个人打理 1 万亩地！
搂着互联网的小腰，中国农民要逆天了！

在吉林省双辽市农村有那么一群人，他们是农民，却不用自己打理土地，从种植到收获直至销售，包括种子、化肥、农药、农机等全部不用自己负责。你可别以为，他们流转出了土地。他们仍然是土地的主人，享受土地带来的一切收益。他们做的，仅仅是将自己的土地交给"牛人"打理（专业提法叫"土地托管"），向他们支付管理费，剩下的就是自己"坐享其成"了。

卧虎镇六家村农户李继光就是其中的一位，他将家里的 20 垧地（在东北地区 1 垧约合 15 亩）交给"牛人"。"牛人"个个都是身怀绝技的农业专家，通过他们的科学种植，今年 1 垧地增产 2 500 千克左右。李继光算了一笔账，扣掉托管费，每垧净赚 5 000 元，20 垧地赚了约 10 万。不仅如此，腾出身的李继光，干脆到城里打工，每个月还能挣个几千块钱。真可谓两全其美。

在双辽，他们只有十几个人，却管理着 17 万亩地，其中全程托管 19 000 亩、半程托管耕地 15 万亩，平均每人打理 1 万亩农田。他们这样的工作效率和成果，比得上美国和欧洲的农场主！截至 2016 年，全国耕地流转面积占比达 35%，新型农业经营主体数量攀升到 280 万个，规模种植已成为农业主力军。

所以，在互联网背景下，要借助互联网思维融合资源，打造线上线下结合的种植业一站式服务平台，共创共享、开放合作，实现耕地适度规模化和把地种好这两大农业转型核心目标。在线下，依托各地MAP示范农场和技术服务中心，为大约50千米半径范围内的农民，提供包括农资套餐、种植技术、土壤改良、农机装备、农业大数据、农业金融、农业保险、粮食收储和农产品销售等在内的农业综合解决方案。在线上，集成气象、遥感、物联网等现代信息技术，打造智慧农业平台，服务于规模化农场的全过程经营与生产。

（资料来源：全球农业趣闻，2017-11-21）

Q7 家庭农场进行土地流转应遵循的原则有哪些？

①在平等协商、自愿、有偿的情况下，任何组织和个人不得强迫或者阻碍承包方进行土地承包经营权流转。

②不得改变土地所有权的性质和土地的农业用途。

③流转的期限不得超过承包期的剩余期限。

④受让方须有农业经营能力。

⑤在同等条件下，本集体经济组织成员享有优先权。

Q8 家庭农场发展中如何解决土地纠纷问题？

（1）当事人协商　土地流转发生纠纷时，当事人可进行协商，即在双方公平、公正的前提下，自愿解决矛盾。当事人依照相关部门法律法规进行协商，自行解决好矛盾纠纷问题。其中，在使用其他方法解决矛盾纠纷问题时，同样也可以采取这种方法进行，即在双方自愿的前提下，通过商榷，达成共识，最后解决矛盾。

采取这种方式，可以大大节约人力、物力及财力，用最短的时间解决问题，从而维持双方的正常关系。

（2）双方调解 采取调解的方式解决土地承包经营纠纷，必须坚持自愿原则，即在当事人完全自愿的基础上进行调解。调解人一般是单位或个人，通常是德高望重且有公信力的人，这样能让双方信服。按照《农村土地承包法》的相关规定，调解人员与双方沟通并达成协议，然后根据事先定好的方案签订合约协议，同时帮助和监督其执行，从而彻底解决矛盾纠纷。达成调解协议后如果一方当事人反悔，不愿履行协议，或者经过调解最终没有达成调解协议的，当事人都可以申请农村土地承包仲裁机构解决，或者直接向人民法院起诉。

（3）仲裁机构裁决 发生土地流转纠纷的当事人不愿意协商，并且通过调解未能解决问题的，可以向农村土地承包仲裁机构申请仲裁。考虑到劳动争议和农村土地承包纠纷具有一定的特殊性，并不适用《仲裁法》的规定。目前，对农村土地承包经营纠纷的仲裁，国家还没有统一的立法。《农村土地承包法》第 51 条、第 52 条对农村土地承包经营纠纷的仲裁做出了原则性的规定，为制定全国统一的农村土地承包仲裁办法提供了立法依据和原则，有关部门正在制定农村土地承包仲裁的具体办法。实际操作中，各地主要根据省、自治区、直辖市制定的地方法规和规章做出裁决。

（4）法院诉讼 在土地流转纠纷中，当事人对裁决不服或有异议，可以在收到裁决书之日起 30 日内，以对方当事人为被告，向人民法院提起民事诉讼，通过诉讼方式保护自己的权益。受理案件的人民法院应当按照《民事诉讼法》《农村土地承包法》的规定，参考有关司法解释和有关农村土地承包的政策文件，对案件进行审理，查明事实，依法做出判决，维护双方当事人的合法权益。人民法院受理案件后应当依法直接做出判决，而不是直接撤销裁决，要求仲裁机构重新进行仲裁。就是说，当事人对裁决不服，向人民法院起诉后，裁决自动失去了法律效力，转而由人民法院做出判决，依法解决纠纷。

Q9 符合什么条件的土地流转可以获得补贴？

2015 年 12 月，财政部发布《扶持村级集体经济发展试点的指导意见》，提出 2016 年在浙江、宁夏两个试点省份的基础上，新增河北、辽宁、江苏、安徽、江西、山东、河南、广东、广西、贵州、云南 11 个省份共 13 个省份开展土地流转财政支持试点，中央财政通过以奖代补方式支持地方试点工作，省级财政部门加大支持力度，市、县也给予必要支持。根据此文件，各试点省份均制定了自己的《财政扶持农村土地流转实施意见》。

虽然每个省、市补贴的情况不太一样，但按国家标准，只要满足以下 5 个条件的，地方财政将按每亩 100 元的标准对土地拥有者(土地已确权)给予一次性奖励。

（1）具有稳定的土地流转关系 土地流转时间在 3 年以上，单个土地流转面积在 1 000 亩以上(土地股份合作社入股面积 300 亩以上)。

（2）土地流转价格与农户收益限制 土地流转价格不低于农户常年直接经营纯收入或市、县规定基准价，同时确保流转农户每年的收益获得稳定增长(对流转期限在 3 年以上的规模流转，流转价格的确定应采取实物计价、货币兑现或根据项目盈利水平和物价上涨情况分年段确定增长幅度，以确保农民土地长远收益不降低)。

例如，拥有土地的农民一直种玉米，每亩销售额 2 000 元，但他需要减去种植成本（包括农资、农械等），按照他的净收入计算承包土地费用。如果有较长的土地流转时间，也需要根据当地物价上涨的情况，每年增加土地的承包费用。

（3）优先获得资格　已经取得了工商部门营业执照，且具有一定的示范带动作用或规模、运作规范（有章程、股权证书、实行"保底分红"）的土地股份合作社或农场，可以优先获得相应的补贴扶持。

（4）符合法规　符合土地承包政策法律，土地流转操作规范，已经签署了正规的土地流转合同，合同手续完备，且此合同具有法律效力。

（5）地方政府的支持　最后还需要当地政府重视土地流转工作，能够安排出土地流转后的鼓励扶持资金用于对土地流转农户的奖励。此奖励资金在上述提到的土地流转财务支持试点省份设有财政部拨款，其余省份须到有关部门咨询相关具体政策。

此外，关于土地流转补贴的方式与额度，各个地区各有不同（详见附录 2），相关经营者在流转土地时可以向当地农业部门申请土地流转补贴。

Q10 政府对土地流转有哪些扶持政策？

政府对土地流转制定了以下政策（表 4–1）。

（1）设施农用地管理政策　国家加强对设施农用地问题的管理与改进。2016 年，国土资源部、农业部文件《关于完善设施农用地管理有关问题的通知》明确指出，生产设施用地和附属设施用地直接用于或者服务于农业生产，按照农用地管理。有效增加

表4-1 土地流转扶持政策

年 份	制定者	政策文件	扶持政策
2016 年	国土资源部、农业部	《关于完善设施农用地管理有关问题》	设施农用地管理政策
2017 年	中共中央办公厅、国务院	《关于引导农村土地经营权有序流转发展农业适度规模经营的意见》	引导土地有序流转政策
2017 年	农业部	《农村土地经营权流转交易市场运行规范(试行)》	规范土地流转交易市场政策
2017 年	农业部、财政部、国家科委	《关于加强农业科研单位科技成果转化工作的意见》	加强科技扶持政策
2017 年	中共中央	《决胜全面建成小康社会夺取新时代中国特色社会主义伟大胜利》	深化土地制度改革政策

农用地和非农用耕地使用，提高农村建设用地使用效率，通过对土地流转的方式和模式创新，加强整合土地，达到资源合理利用的效果。

（2）引导土地有序流转政策　农民可以加快土地流转速度，促进形成土地承包关系，完善经营相关问题。2017 年，中共中央办公厅、国务院办公厅印发了《关于引导农村土地经营权有序流转发展农业适度规模经营的意见》，提出完善农村土地承包政策，引导和规范建设用地入市，完善宅基地管理，加快推进征地制度改革，稳定农村土地承包关系并保持长久不变；规范引导农村土地经营权有序流转，加快培育新型农业经营主体，建立健全农业社会化服务体系。

（3）规范土地流转交易市场政策　在土地流转交易中，国家为农民创造安全可靠的交易平台。2017 年，农业部印发《农村土地经营权流转交易市场运行规范（试行）》（简称《规范》),《规范》提出要充分吸收现有的土地经营权流转市场交易规程，依照农村土地经营权流转交易程序制定，主要遵循了"提出申请—进场交易—签订合同—配套服务"的顺序。《规范》提出，交易主体是农村集体经济组织、承包农户、家庭农场、专业大户、农民专业合作社、农业企业等各类农业经营主体以及具备农业生产经营能力的其他组织或个人。交易条件应该是交易标的权属清晰无争议，交易双方具有流转交易的真实意愿，符合法律法规政策和规划要求。交易品种包括以家庭承包方式和其他承包方式取得的土地经营权，也包括集体经济组织未发包的土地经营权，以及其他依法可流转交易的土地经营权。

（4）加强科技扶持政策 2017年，农业部、财政部、国家科委制定的《关于加强农业科研单位科技成果转化工作的意见》明确指出，农业行政部门、科研单位、教育机构等要发挥技术优势，联系土地转入方开展农业技术服务，提高技术推广的有效性和覆盖率；促进技术创新，不断提高对农民的基础知识教育，建立完善的培训体系，以达到建立新型职业农民的目的。

（5）深化土地制度改革政策 2017年，党的十九大报告提出，巩固和完善好农村基本经营制度，深化农村土地制度改革，完善承包地"三权"分置制度；保持土地承包关系稳定并长久不变，第二轮土地承包到期后再延长30年；深化农村集体产权制度改革，保障农民财产权益，壮大集体经济；确保国家粮食安全，把中国人的饭碗牢牢端在自己手中；构建现代农业产业体系、生产体系、经营体系，完善农业支持保护制度，发展多种形式适度规模经营，培育新型农业经营主体，健全农业社会化服务体系，实现小农户和现代农业发展有机衔接。

家庭农场的创办

Q1 创办家庭农场前应该做哪些方面的分析?

（1）产业发展条件和市场条件 家庭农场需根据当地气候、土地和水文等多方面因素，综合分析产业发展条件，进而选择特色产业发展；同时根据消费者的需求，准确了解市场上的行情，并结合自身优势，找到最佳的组合效果，生产市场所需产品。家庭农场主可以向当地农业部门进行政策咨询，还可以通过网络和手机等方式了解农产品价格、供求等多方面信息，并在此基础上选择生产项目、制定生产方案及组织生产经营活动。

（2）资金条件和生产技术条件 创办家庭农场需要一定资金作为支持。农场主需要分析农机购买使用情况、良种使用情况、土地流转费用情况、基础设施建设情况等确定资金需求，并且选择多种融资渠道筹集资金，确保资金充足；同时，还应了解家庭农场所选产业当前的技术发展水平，掌握和使用现有的生产技术，并积极关注技术更新和转化。

（3）注册类型 绝大部分家庭农场登记为个体工商户，其主要的原因是个体工商户的登记条件低，没有注册资本要求，无须验资，登记手续简单快捷，符合法定形式的可以当场予以登记，管理较为宽松。然而，企业形式更符合家庭农场规模化经营的需求。采用企业形式设立家庭农场可以推进家庭农场的经营规模化、组织规范化，提升产品的品牌效应，从而提高销售额和经营利润。因此，在创办家庭农场之前，创办者要选择合适的注册类型。

（4）经营规模情况 创办家庭农场之前，确定经营规模是很重要的。但实际中对家庭农场的具体规模还没有明确规定。一方面，目前还无法采用一个统一的方法来准确测算其最优规模。另一方面，目前对该问题的研究大多是从微观层面进行实证分析，主要是基于规模经济效益来测算各地区家庭农场的适度规模。实际操作中，可以在确定规模之前，分析家庭农场所在地区、所处时期、经营内容等诸多因素，并结合农场自身条件，确定经营规模。

（5）当地扶持政策情况 家庭农场主需要了解当地政府对创办家庭农场有哪些优惠政策，可以享有政府哪些补贴。这些需要农场主提前向当地农业部门进行咨询以了解更多政策信息，这有益于家庭农场的发展。

案例 1 创办家庭农场的政策扶持

回乡开办家庭农场，或能贷款 300 万元

昨日，记者从河南省政府获悉，该省印发了《河南省开发性金融支持返乡创业促进脱贫攻坚实施方案》（以下简称《方案》），其中提出，回乡开办家庭农场，可能获得最高300 万元的贷款。

《方案》提出，该省将加强开发性金融资金引领作用，打造充满活力的返乡创业生态系统，促进试点地区产业发展，加快脱贫攻坚进程和区域经济发展。

哪些人是被支持对象？支持范围主要是指支持农民工等人员返乡创业试点、省农民工返乡创业示范县及其他符合条件的县（市、区）。

支持对象主要是家庭农场、种植养殖大户、农民专业合作社等农业新型经营主体；能够带动贫困农户增收致富或以农产品、特色手工制品的生产、加工、储运和服务等为主营业务的各类中小微企业；进行初加工、深加工的龙头企业。

对于贷款期限，《方案》明确，流动资金贷款期限不超过3年；中期固定资产贷款期限不超过5年。对于初期投资较大、生产周期较长的产业，可充分考虑产业特点，适当延长贷款期限。

由此可以看出，在创办家庭农场之前，要充分了解相关扶持政策，加强对政策的了解和应用，有益于家庭农场的顺利创办和长期发展。

（资料来源：中原网－郑州日报，2017－10－11）

Q2 申请创办家庭农场应该具备哪些条件？

申请创办家庭农场主要应具备以下5个条件。

①投资人为农村户籍或具有农村土地承包经营权的自然人。

②经营范围以农业种植、养殖为主，并符合国家产业政策要求。

③具有一定的经营规模。其中，从事粮棉油大宗农产品种植的，土地经营面积不低于50亩；从事养殖和其他种植的，应达到县级以上（含县级）农村经济经营管理部门文件规定的基本要求。

④土地经营期限不低于5年，土地流转合同依法经乡（镇）财经所（经管站）备案。

⑤符合相应法律法规规定的个体工商户、个人独资企业、合伙企业、公司的设立条件。

Q3 如何申报家庭农场？

由于刚刚起步，家庭农场的培育发展还有一个循序渐进的过程。国家鼓励有条件的地方率先建立家庭农场注册登记制度，但没有对家庭农场的申报程序做出明确规定，而是由各地区根据国家相关法律法规规定和农业生产实际情况，制定地方家庭农场申报程序（图5-1）。

> 申报：农户根据本地相关政策规定和自身农业生产情况，向乡（镇）政府提出认定申请

> 审核：乡（镇）政府对辖区内成立专业农场的申报材料进行初审，初审合格后报县（市）农经部门复审

> 工商登记：经县（市）农经部门复审通过的，报县（市）农业行政管理部门批准后，由县（市）农经部门认定其专业农场资格，做出批复，并推荐到县（市）工商行政管理部门注册登记

图 5-1　家庭农场申报程序

（1）东北地区——以辽宁省海城市为例　2014年3月，辽宁省海城市政府出台了《海城市发展农村家庭农场实施意见（试行）的通知》，其对该市家庭农场的申报程序规定如下。

①符合条件的农户，本着自愿原则向当地镇（区）农经部门提出申请。

②由农经部门组织人员现场勘察认定，填写《海城市家庭农场认定申请表》，并签署意见。

③农户持签署意见的《海城市家庭农场认定申请表》，向当地工商部门申请注册登记，申领个体工商户或个人独资企业营业执照。

④个体工商户组织形式应为家庭经营，并将参与经营的家庭成员进行备案。个人独资企业投资人在申请企业设立登记时，应明确以其家庭共有财产作为出资，以家庭共有财产对企业债务承担无限责任。

（2）华北地区——以山东省诸城市为例 2013 年 4 月，山东省诸城市政府出台了《诸城市鼓励扶持家庭农场建设的暂行办法》，其对该市家庭农场的申报程序规定如下。

①核准 申请办理家庭农场登记的，须先到工商部门登记窗口办理名称预先核准，凭"名称预先核准通知书"到有关部门取得资格认定。

②申报 申报单位对照家庭农场申报条件，填报《家庭农场申请表》，随报有关证明材料，向所在镇街主管部门提出申请。镇街主管部门对农场所报材料进行审核、筛选，以镇街为单位向市委农工办报送审核材料。

③认定 主管部门根据镇街申报材料，提出初审意见，会同相关部门进行实地考察、审查、综合评价，提出认定意见，由市委农工办发文公布，颁发"诸城市家庭农场"资格证。

④工商登记 获得市级主管部门资格认定的家庭农场，按照自愿的原则，可到诸城市或以上工商部门办理工商登记，获得法人资格。工商部门要适当放宽家庭农场注册登记条件，实行免费注册登记。

符合标准的家庭农场，需填报如下申报材料：盖章的《家庭农场申请表》；家庭农场基本情况；土地承包、土地流转合同；生产经营有关账簿；家庭农场内固定的从业人员户口本复印件和身份证复印件；工商部门的名称预先核准通知书；产品认证的相关证明材料。

（3）南方地区——以安徽省亳州市为例 2013 年 7 月，安徽省亳州市农业委员会出台《亳州市家庭农场认定管理暂行办法》，其对该市家庭农场的申报程序规定如下。

①申报 符合条件的农业经营者对照家庭农场申报条件，填报《亳州市家庭农场认定申请表》，随报有关材料，向所在乡镇政府（街道办事处）提出申请。

②初审 乡镇政府（街道办事处）对照家庭农场认定标准，采取实地考察等方式，对所申报的家庭农场进行初审，符合条件的盖章确认，并报县区农委（农经局）审核认定。

③认定 县区农委（农经局）对申请材料进行审查，提出认定意见。对符合标准的家庭农场，由农业主管部门颁发家庭农场资格证。

符合条件的家庭农场，需填报如下申报材料:《亳州市家庭农场申报表》；家庭农场经营者身份证复印件；家庭农场经营者户口本复印件；土地承包、土地流转合同复印件；从事畜禽养殖的家庭农场需提交《动物防疫条件合格证》复印件；家庭农场相关制度；其他能反映家庭农场生产经营现状的材料。

（4）西北地区——以甘肃省庄浪县为例 2014 年 12 月，甘肃省庄浪县政府出台了《庄浪县家庭农场认定管理办法》，其对该县家庭农场的申报程序规定如下。

①申请 符合家庭农场申报条件和标准的，农场主先向辖区所在地村委会、乡镇人民政府提出申请，并提交相关证明材料，填写《庄浪县家庭农场认定审批表》。

②审核 乡镇初审无误后，报县农业经营管理站复审，经过

实地考察，复审通过的，报县农牧局审核认定，登记备案，并做出认定资格批复。

③公示　经认定的家庭农场向社会进行公示。公示后如无异议，由县农牧局发文公布名单，并颁发证书。同时，由县农业经营管理站、乡镇人民政府建立相关档案，实行备案管理。

④工商登记　家庭农场根据生产经营情况需要办理工商登记注册的［家庭农场名称为行政区划（乡村名）+字号+家庭农场］，由县农牧局提供相关证明。办理了工商登记注册的家庭农场，自营业执照颁发之日起30日内持营业执照正、副本到县农业经营管理站备案。

⑤考核。对认定的家庭农场，由县农牧局牵头组织，县农业经营管理站具体负责，从生产规模、经营状况、示范带动、社会声誉、遵法守纪等方面量化打分；县里每年评选一批生产经营好、示范带动作用强、社会声誉优的为县级示范性家庭农场，优先享受国家有关扶持政策，并结合发改、财政、扶贫等部门项目情况给予一定补助，予以表彰奖励，由县农牧局推荐其参加省、市级示范性家庭农场评选。

Q4 家庭农场的认定标准是什么？

在2013年中央一号文件《关于落实中共中央国务院关于加快发展现代农业进一步增强农村发展活力若干意见有关政策措施分工的通知》中首提家庭农场后，国家并没有对家庭农场的认定标准做出明确规定，而是规定各地依据各自的土地资源、劳动力资源、农业发展情况、经济发展状况等现状，制定家庭农场认定注册的相关政策。依此，近年来各地从户籍、劳动力及雇佣、农业生产、规模经营及相关的财会管理制度等几个方面相继出台了地方认定标准。

（1）东北地区——以辽宁省海城市为例　2014 年 3 月，辽宁省海城市政府出台了《海城市发展农村家庭农场实施意见（试行）的通知》，其对该市家庭农场的认定标准规定如下。

①家庭农场主体必须是农民，且年满 18 周岁，接受过相应的农业技能培训，具有完全民事行为能力，可以独立进行民事活动。

②家庭农场劳动力必须以家庭成员为主，主要从事农场的劳力 2 人以上（含 2 人）。

③家庭农场主必须具备一定的经济实力，自有流动资金在 10 万元以上，并以农业收入为农场主要收入来源。

④家庭农场经营的产业须符合市级经济发展整体规划，规模适度，相对集中连片，推广应用新品种、新技术，机械化操作水平较高，标准化程度较高，品牌意识和产品市场竞争力较强。从事畜禽养殖的家庭农场须取得《动物防疫条件合格证》。

⑤家庭农场经营规模达到一定标准且相对稳定。

以粮食作物生产为主的，土地租期 5 年以上，经营面积 100 亩以上。

以果业生产为主的，土地租期 20 年以上，经营面积 100 亩以上。

以蔬菜生产为主的，土地租期 5 年以上，经营面积 50 亩以上。

以花卉种植为主的，土地租期 10 年以上，经营面积 20 亩以上。

以苗木生产为主的，土地租期 10 年以上，经营面积 100 亩以上。

以畜牧养殖为主的，生猪年出栏 500 头以上，饲养肉牛 50 头以上，饲养奶牛 20 头以上，家畜混养 500 头以上。

以家禽养殖为主的，鸡或鸭年出笼 50 000 羽以上、鹅出笼 1 500 只以上，家禽混养 50 000 羽以上。

其他从事种养结合等多种经营的，土地租期 5 年以上，年收入 10 万元以上。

⑥家庭农场经营的土地须取得合法有效的农村土地承包经营权证或土地流转经营权证明资料，且权属无争议。

⑦管理方式先进，土地产出率、经济效益明显提升，经营效益比普通经营高出 20% 以上，对周边农户具有明显示范带动效应，产品基本实现订单生产和销售。

（2）华北地区——以山东省诸城市为例 2013 年 4 月，山东省诸城市政府出台了《诸城市鼓励扶持家庭农场建设的暂行办法》，其对该市家庭农场的认定标准规定如下。

①家庭农场以农业收入为主要经济来源，常年有 2 人以上 (含 2 人) 固定在农场从事生产劳动；同时，家庭农场主年龄应在 18 周岁以上，具有完全民事行为能力，可以独立进行民事活动。

②有专业生产经营项目，专业生产率占 90% 以上。从事畜禽养殖的必须取得畜牧、国土部门《规模畜禽养殖项目登记备案证明》和《规模畜禽养殖用地登记备案证明》，符合农业部《动物防疫条件审查办法》中畜禽养殖场动物防疫条件，并取得《动物防疫条件合格证》，建有粪污无害化处理设施。从事水产养殖的家庭农场须取得《水域滩涂养殖使用证》。

③农场用地除自有承包经营土地外，其他为流转土地。全部利用土地必须有规范的土地承包和土地流转合同。

④有会计账簿和生产经营相关制度，有与生产经营相适应的生产设施，具备基本的办公设备。

⑤有基本的配套设施、生产基础，具备防灾抗灾能力。从事粮食、黄烟生产经营的家庭农场，机械化生产率达到 90% 以上。

⑥围绕所从事产业，经营规模适度，符合农业等相关规划，用地相对集中连片，注重推广应用新品种、新技术，品牌意识和

产品市场竞争力较强。

⑦管理方式先进，土地产出率、经济效益高，全年农场收入占家庭年总收入的 90% 以上，家庭农场从业人员年人均纯收入达到本镇街农民人均纯收入的 2 倍以上，对周边农户具有明显示范带动效应。

⑧家庭农场经营的土地流转合同年限不得低于 10 年，且从事经营 2 年以上。

（3）南方地区——以安徽省亳州市为例　2013 年 7 月，安徽省亳州市农业委员会出台《亳州市家庭农场认定管理暂行办法》，其对该市家庭农场的认定标准规定如下。

①家庭农场经营者应具有农村户籍（即非城镇居民），须年满 18 周岁以上，具有完全民事行为能力，可独立进行民事活动、信誉良好。

②以家庭成员为主要劳动力，家庭常年在农场经营、劳动人员须在 2 人以上（含 2 人），可以季节性雇工。

③以农业收入为主，即农业净收入占家庭农场总收益的 80% 以上。

④经营规模达到一定标准并相对稳定。从事粮食作物生产的家庭农场，租期或承包期应在 5 年以上，连片经营土地面积应达到 100 亩以上，且从事经营 1 年以上；从事经济作物、养殖业或种养结合的，应达到相应的规模标准；从事畜禽养殖的家庭农场须取得《动物防疫条件合格证》。家庭农场根据规模分为小型家庭农场、中型家庭农场和大型家庭农场（表 5-1）。

⑤家庭农场经营者应具有初中以上文化程度，能定期接受农业技能培训。家庭农场经营活动有较为完整的财务收支记录。

⑥对其他农户开展农业生产有示范带动作用。围绕所从事产

业，规模适度，相对集中连片，能推广使用新品种、新技术，机械化水平和生产标准化程度较高，品牌意识和产品市场竞争力较强。经营效益比普通农户经营高出 20% 以上。

表 5-1　安徽省亳州市家庭农场认定标准

类　型		指　标	小型农场	中型农场	大型农场
种植业	粮油生产	面积（亩）	100～200（不含200）	200～500（不含500）	500 以上
		年产值（万元）	20 以上	40 以上	100 以上
		纯收入（万元）	5 以上	10 以上	25 以上
	设施农业	面积（亩）	20～50（不含50）	50～200（不含200）	200 以上
		年产值（万元）	16 以上	40 以上	160 以上
		纯收入（万元）	8 以上	20 以上	80 以上
	特色种植	年产值（万元）	20 以上	60 以上	150 以上
		纯收入（万元）	10 以上	30 以上	80 以上
养殖业	家畜	猪	年出栏（头）	300～1000（不含1000）	1000～5000（不含5000）	5000 以上
		年产值（万元）	40 以上	120 以上	700 以上
		纯收入（万元）	3 以上	10 以上	50 以上
		牛	年出栏（头）	100～500（不含500）	500～1000（不含1000）	1000 以上
		年产值（万元）	60 以上	300 以上	600 以上
		纯收入（万元）	10 以上	50 以上	100 以上
		羊	年出栏（头）	300～500（不含500）	500～1000（不含1000）	1000 以上
		年产值（万元）	24 以上	40 以上	80 以上
		纯收入（万元）	6 以上	10 以上	20 以上

续表

类 型		指　标	小型农场	中型农场	大型农场
养殖业	家禽 蛋禽	年存栏（只）	5000～10000（不含10000）	10000～20000（不含20000）	20000以上
		年产值（万元）	50以上	100以上	200以上
		纯收入（万元）	10以上	20以上	40以上
	肉禽	年存栏（只）	10000～50000（不含50000）	50000～100000（不含100000）	100000以上
		年产值（万元）	20以上	100以上	200以上
		纯收入（万元）	2以上	10以上	20以上
	水产养殖	面积（亩）	20～50（不含50）	50～100（不含100）	100以上
		年产值（万元）	10以上	25以上	50以上
		纯收入（万元）	4以上	10以上	20以上
	特种养殖	年产值（万元）	30以上	100以上	200以上
		纯收入（万元）	10以上	30以上	60以上

注：特色种植是指除粮油生产、设施农业之外的其他种植业；特种养殖指除家畜、家禽、水产养殖之外的其他养殖业。

（4）西北地区——以甘肃省庄浪县为例　2014年12月，甘肃省庄浪县政府出台《庄浪县家庭农场认定管理办法》，其对该县家庭农场的认定标准规定如下。

①家庭农场经营者具有农村户籍或者是农村集体经济组织成员，或是具有经营权的自然人，且在庄浪县境内从事农业生产。

②以家庭成员为主要劳动力，在农场内常年固定从业的家庭成员不少于2人，无常年雇工或常年雇工数量不超过家庭务农人员数量。

③以农业收入为家庭主要经济来源，即农业净收入占家庭经济收入的80%以上。

④拥有从事农场生产经营的场地，经营规模保持相对稳定。农场用地应是依法取得、合法拥有、能够提供有效证明的土地，既可以是家庭承包经营土地，也可以是经营权流转获得的土地。流转的土地必须具有规范的土地流转合同，流转期限不低于5年。

a. 种植业

小麦、玉米、洋芋、杂粮及油料种植集中连片，面积在100亩以上。

中药材种植集中连片，面积在100亩以上。

瓜菜露地种植集中连片，面积在50亩以上。

苗木培育集中连片，面积在50亩以上。

苹果集中连片，面积在20亩以上。

设施蔬菜面积在10亩以上。

食用菌生产设施面积5亩以上。

b. 畜牧业

肉牛年存栏、年出栏均在100头以上。

奶牛年存栏50头以上。

商品猪年存栏、年出栏均在1 000头以上。

鸡年出栏10 000只以上。

其他特色规模养殖（包括水产业）年产值100万元以上。

c. 综合性家庭农场

进行种养综合经营的家庭农场，经营面积100亩以上。

⑤拥有与生产经营相适应的生产设施，具备基本的办公设备，有必要的规章制度，有较完整的生产经营情况和财务收支记录。

⑥家庭农场经营者应接受过农业技能培训，具备相应的生产经营能力。

⑦对其他农户开展农业生产有示范带动作用。

Q5 怎样鼓励返乡人员创办家庭农场？

（1）**引导返乡人员进行创业** 根据国家政策等优势，加强返乡人员对创办家庭农场的热情，并迎合产业发展趋势，促进农村一二三产业融合发展。

（2）**强化主体培育** 鼓励返乡人员创办家庭农场，组建股份合作制企业、合作制企业和股份制企业等，发挥现代农业产业园区创业、创新的有利平台和载体作用，加强对家庭农场的培育。

（3）**强化政策落实** 加强政策的宣传与落实，让更多的人知道且懂得如何运用这些政策来创办农场。

（4）**强化公共服务** 按照政府搭建平台、平台聚集资源、资源服务创业的思路，尽快建成一批服务创业、创新的平台。

（5）**强化媒介引导** 加强利用现代信息化服务媒介，充分利用各类媒体特别是互联网、微博、微信等新媒体，努力营造支持家庭农场发展的良好氛围，促进家庭农场的创办。

案例2 研究生村官办家庭农场

研究生回家乡 4 000 元办家庭农场

阳红星是硕士研究生学历，妻子也是大学校友，两口子却放弃了在城市工作的机会，回到了农村。2014 年，阳红星顺利地当上了正义村村委会主任。而当时，他拿出仅有的4 000 元开办了家庭农场，如今让人看到了希望。

人们经常问阳红星，为什么放弃城市里的好工作，非要从事农业，难道不后悔？他回答说：我从不后悔所做的决定，我的目标是带领山区村民闯出一条与众不同的致富路。于是，阳红星开办了一个家庭农场，再通过互联网，将商品销售到全国各地。

阳红星在一个山区租了50亩土地，作为创业起步之用。但阳红星当年的口袋里只有4 000元现金，"果苗是借来的，肥料是赊账的。"阳红星说，自身能力实在有限，只好向亲朋好友借，向银行贷款，这一切都是归功于当地镇政府给予的扶持帮助。他没钱请工人，阳红星的父亲及岳父母都来帮忙：割草、建房、扛木头、挖地等。从早到晚，除了村委会的事，他就一直在山区的田地间忙碌着。就这样，他们一块砖、一片瓦，搭建起了家庭农场。

2017年10月18日，阳红星说，他的目标是创建种植、养殖和休闲"三位一体"的家庭农场模式。为了这个目标，回农村这几年，他已经投入了将近40万元的资金。"我的心走回来，也是走出去。因为农村大有市场，大有可为，我可以把自己的绿色食品卖到很多地方。"阳红星说。

作为大学校友，阳红星的妻子王苹华也一直支持他的事业。夫妻俩"独居"野外，没有电脑，没有宽带，没有任何娱乐装备，王苹华却说："我俩结婚5年来，感情甚好，既然红星选择了这条路，我必须支持，夫妻本来就该同甘共苦！也许目前困难重重，但相信以后会越来越好。"

谈到下一步打算时，两口子都说，一定朝着自己的目标，一步一个脚印踏实走下去。

（资料来源：搜狐网，2017-10-20，http://www.sohu.com/a/199043060_99984058）

案例3　大学生返乡经营家庭农场

家庭农场主刘超：新掌门人"对阵"老把式

2011年，刘超从山东师范大学公共事业管理系毕业后，顺利成为一名国企员工，收入稳定，但因2015年回家的一次经历，改变了她的人生轨迹，她决定回乡创业当农民。这位年轻人，在短短的3年时间中，运用现代化管理思想，把父亲经营的几百亩胡萝卜基地变成了一个占地2100亩并涵盖胡萝卜种植、畜牧养殖、高温大棚蔬菜种植于一体的现代化家庭农场。2015年，刘超辞去工作，她用1年时间，虚心向父母和员工们学习管理经验和种植技术，同购货商和农资供应商沟通交流，并积极参加相关组织的政策、技能培训，让自己尽快与农场主的身份"接轨"。

在质量管控上，刘超按照规模化、标准化、生态化、有机化要求，推行"六统一"耕作模式，保证每一个生产环节的安全，同时引入动态管理系统，使基地胡萝卜全部实现视频监控。在品牌营销上，她将农场胡萝卜注册了"渑水河"牌商标，并通过了国家绿色食品认证。2016年，农场投资50万元建起了电子商务平台，销售胡萝卜及附近农户的农产品，构建了胡萝卜网上交易、仓储物流、终端配送一体化经营服务体系，当年实现网上销售额300万元。

目前，刘超的农场经营规模达到2100亩，2016年实现销售收入900多万元，净利润160万元。同时，农场为300余名农村妇女提供了就业岗位，每名妇女年增收8000多元。"下一步，农场要新增胡萝卜及其他农产品加工车间，延长产业链条。"刘超说。

（资料来源：中国农业新闻网－农民日报，2017-11-07，http:www.farmer.com.cn/kjpd./njtg/201711/t20171106_1334683.htm）

Q6 家庭农场创办中，农场主怎样解决经营问题？

（1）找准特色定位　针对当地的农业资源，选择最适合自己发展的种植业或畜牧业，不能拍脑袋一哄而上。

（2）找"内行"　无论是家庭成员，还是雇工，家庭农场都要让专业的人来做事。

（3）熟悉市场运作　事先搭建好销售渠道，避免"谷贱伤农""菜贱伤农"等情况发生。

（4）提前做好规划　心中要有谋划，对水利、电力、沟渠等设施要提前规划，最好做一份计划书，有利于农场的健康发展。

（5）充分利用好农业政策　家庭农场主需要了解当地政府对创办家庭农场有哪些优惠政策，可以享有政府哪些补贴政策。这些需要农场主提前向当地相关部门进行咨询，了解更多有益于农场发展的政策信息。

Q7 我国家庭农场的成功模式有哪些？

（1）上海松江模式：建立规范统一的土地流转方式　家庭农场"松江模式"一直强调规范土地流转，以"依法、自愿、有偿"为原则，推行农民承包土地委托村委会统一流转的方式，家庭农场经营者则在农民自愿提出申请的基础上实行民主选拔；同时，培育引导农民专业化，发展种养结合为一体的家庭农场，鼓励对优质家庭农场延长承包期限。

松江区下一步推进家庭农场的工作重点将是完善家庭农场的经营机制，适当延长土地流转期限，对从事家庭农场的经营者，通过资格认定和目标考核，建立进入与退出机制，开展针对性的培训和指导，提高家庭农场生产技术和经营水平。

（2）浙江慈溪模式：成立基金引导家庭农场发展　慈溪市家庭农场的培育发展离不开政策的大力扶持。从 2004 年起，该市就设立了"中小农场发展基金"，引导家庭农场发展。目前，慈溪市每年用于农业生产的财政补贴超过 1 亿元，对家庭农场的产业扶持资金占了 40% 以上。此外，该市通过补助政策鼓励大学生到农业领域创业就业。经过几年发展，慈溪市家庭农场呈现出主体明确、规模适度、效益显著等特点。

（3）安徽郎溪模式："三驾马车"拉动家庭农场发展　农民主体、政府扶持、协会帮助，"三驾马车"拉动了家庭农场发展。政府搭好台，让群众来唱戏。郎溪县已经建立了对家庭农场相对完善的政策体系，从认定、注册、技术扶持、资金支持、标准化管理等方面形成了一整套办法。此外，郎溪县首创家庭农场注册登记制度，为明确家庭农场的市场法人地位扫清了障碍。

在解决家庭农场面临的资金问题上，协会发挥了很大作用。据了解，协会与多家银行成功接洽，促成了常态化的"银农对接会"，每年举办数场家庭农场与银行的对接会，并且推出家庭专项贷款产品。在贷款过程中，不仅可以会员联保，还可由协会担保。

（4）湖北武汉模式：细化扶持政策着重引导　对于家庭农场，武汉着重引导，并不盲目地大规模发展。武汉市对种植业家庭农场提出了具体工作的要求：符合产业发展规划，流转土地 10 年以上，蔬菜和粮油作物种植面积分别超过 50 亩和 100 亩，有一定的农田基础设施，机械化水平达 60% 以上，实行标准化生产。武汉市对家庭农场采取"先建后补"的方式，逐一对其进行抽查，对达标的农场授予示范性家庭农场牌照，并下拨补贴资金用于基础设施建设。当家庭农场运行成熟后，武汉市还将适当发展"合作农场""公司 + 家庭农场 + 基地"等模式，降低家庭农场的经营风险。

（5）吉林延边模式：加快土地流转催生融资新模式　　经过多年发展，目前延边朝鲜族自治州的家庭农场数量达到 685 个，流转土地 4.3 万公顷，占全州耕地面积的 14%。该地区出台了包括贷款贴息、财政补贴、农作物保险等在内的 7 项优惠政策，扶持家庭农场快速成长。不断发展壮大的家庭农场催生出土地收益保证贷款等新的融资模式。为解决家庭农场的融资难题，延边朝鲜族自治州开展土地收益保障贷款的融资模式。与传统融资模式相比，该模式不仅简单易行、利率优惠，而且风险可控，服务也十分便利。

Q8 政府对家庭农场创办有哪些扶持政策？

政府为促进家庭农场发展制定了相应的政策（表 5-2）。

表 5-2　家庭农场创办扶持政策

年　份	制定者	政策文件
2014 年	农业部	《关于促进家庭农场发展的指导意见》
2015 年	农业部	《关于促进家庭农场发展的指导意见》
2016 年	国家农业综合开发办	《关于调整和完善农业综合开发扶持农业产业化发展相关政策的通知》
2017 年	农业部	《2017 年农村经营管理工作要点》

① 2014 年 2 月，农业部下发了《关于促进家庭农场发展的指导意见》，从工作指导、土地流转、落实支农惠农政策、强化社会化服务、人才支撑等方面提出了促进家庭农场发展的具体扶持措施。

② 2015 年家庭农场的扶持政策措施，具体表现在 5 个方面。

一是建立家庭农场注册资本登记和认定制度。江苏、山东等省出台了家庭农场工商注册登记办法，浙江、安徽等省出台了示范性家庭农场流转土地给予适当资金补助的办法。

二是引导土地流向家庭农场。从 2007 年起，上海市松江区就明确将集体统一整理好的土地租给家庭农场经营。浙江省宁波市对家庭农场流转土地给予适当资金补助。

三是涉农参政补贴向家庭农场倾斜。据统计，2012 年全国各地扶持家庭农场发展的资金达到 6.35 亿元。

四是加强金融保险服务。各地通过成立农业担保公司，发放贷款补助，设立风险防范资金，扩大贷款抵押范围等方式，加强对家庭农场的金融保险服务。

五是提高农业社会化服务水平。通过多元化、多层次、全方位的社会化服务，促进家庭农场健康发展。

③ 2016 年，国家农业综合开发办发布的《关于调整和完善农业综合开发扶持农业产业化发展相关政策的通知》，经有关部门认定或登记的专业大户、家庭农场、社会化服务组织等新型农业经营主体，可纳入产业化经营项目扶持范围，不受独立法人资格条件的限制。

④农业部 2017 年 3 月 3 日发布的《2017 年农村经营管理工作要点》指出：我国将引导家庭农场规范发展，指导各地完善家庭农场认定标准和管理办法，建立健全全国家庭农场动态名录和信息数据库；鼓励各地通过开展示范家庭农场创建，培育发展一批基础条件好、经营管理好、生产效益好的示范家庭农场。

家庭农场的管理

六

Q1 什么是家庭农场发展规划?

家庭农场发展规划是指在投资家庭农场之前对未来发展过程所做的一系列科学分析与规划,目的是为减少创办家庭农场的风险,减少损失。家庭农场主在创办家庭农场之前,最好找懂现代农业规划的专家进行咨询,让专家对种植业、养殖业的发展方向和市场前景做一个预测。此外,农场主还要考虑当地的基础设施、土壤、水质等基本情况,从而降低风险,减少农场主的损失。

Q2 如何撰写家庭农场发展规划书?

家庭农场主需要撰写家庭农场发展规划书,介绍家庭农场和项目运作情况,介绍家庭农场产品及市场可能存在的竞争、风险等未来发展过程中会遇到的问题。

家庭农场发展规划书一般包括以下 6 个部分。

(1)规划摘要 家庭农场发展规划书的第一部分就是规划摘要,它是对发展规划书的高度概括,要能让读者在最短的时间内对家庭农场发展规划的内容做出自己的判断。其主要包括:家庭农场的介绍;主要农产品和业务范围;市场概况;营销策略;销售计划;生产管理计划;家庭农场的组织构成;财务规划;资金情况等。其中在介绍农场时,首先要说明创办家庭农场的思路,以及具体发展目标;然后要介绍家庭农场主的背景、经验及特长等情况。

(2)农产品介绍 对农产品的介绍一般包括种植什么样的农

产品、它有什么特性；主要农产品的介绍；农产品的种植过程；农产品的市场竞争情况；预测该农产品的市场前景；农产品的品牌和专利技术；发展新农产品的计划等。

（3）**人员及组织结构** 家庭农场最重要的就是农产品，有了产品之后，就需要组建一支高素质的管理团队。人才是管理好农场的重要保障，因此要求他们有较好的抗风险能力和团队精神。家庭农场的管理情况直接影响了经营农场的风险，因此拥有一支高素质的管理团队对家庭农场来说尤为重要。

（4）**市场预测** 市场预测一般包括：市场对这种农产品是否存在需求？需求的程度能不能给家庭农场带来丰厚的利润？目标市场的规模是怎样的，规模有多大？未来对该需求的发展趋势是什么样的？此外，市场预测还包括对竞争市场进行分析，比如家庭农场在市场中的主要竞争对手有哪些？是否对农场产生威胁？

（5）**营销策略** 在制定营销策略时要考虑的内容包括：消费者特点；农产品特性；市场环境；农场自身的状况等。成本和效益是影响营销策略的最终因素。在家庭农场规划书中，营销策略一般包括：营销渠道的选择；营销队伍和管理；销售计划和广告策略；价格决策等。

（6）**财务规划** 财务规划相较于其他几个内容来说比较复杂，其包括制作现金流量表、资产负债表及损益表。流动资金对农场来说非常重要，因此在家庭农场创办前期，对流动资金的使用必须谨慎。损益表是指家庭农场的盈利状况，它是经营一段时间后的结果。资产负债表则表示家庭农场在某一时刻的状况，投资者可以用资产负债表中的数据得到指标，通过指标来衡量家庭农场的经营状况和可能得到的投资回报率。

Q3 家庭农场规划布局时应注意哪些问题？

（1）地形　家庭农场所在地如果有良好的地形条件，例如丘陵或山地，在地势上有高低起伏，那么在规划布局时可以利用优势地形对农场进行规划设计。但是，若农场原始地形是耕地或荒地，地势上没有起伏的变化，则可以通过曲折的道路、树林、苗圃地等进行空间上的布局。

（2）水体　家庭农场所在地如果有天然湖泊，可以开展赛龙舟、划船等水上活动项目；如果农场中有点状水体，可以与传统农业中的灌溉工具相结合，设计一些展现农业文化特色的景观。例如，打水用的水井、灌溉用的水车等，这样既展示了文化性又增加了趣味性。农场还可以利用河流、小溪等线状水体开展观赏或垂钓等水上活动。

（3）植物　家庭农场的植物主要包括绿化植物和经济作物。在植物的布局上，绿化植物的设计一般以采用乡土植物作为原则，强调多样性与乡土性；经济作物的设计要考虑作物本身的观赏性，如可以种植一些具有观光、采摘、体验功能的农作物，以及各类经济林果、花卉、蔬菜等对农场进行合理的布置。

（4）时间　规划家庭农场时还要考虑季节的交替性和轮作农作物的品种，不要出现一种作物成熟收获后土地就闲置的情况。总的来说，要在农场田园景观的基础上，进行园林植物景观建设来丰富景观的层次。农场要做到终年都有绿植看，达到"四时有不谢之花，八节有长春之景"的境界。

（5）硬件　家庭农场规划布局时还要考虑到农场硬件设施的建设状况，如道路、停车场、餐厅、宾馆等配套设施建设及垃圾箱、公共厕所等公共设施建设。这些规划可以参考风景园林的景观设计标准，要与周围环境融为一体，体现出生态与自然的完美结合。规划设计的风格、色彩等都要与家庭农场的植物、湖泊、山体等自然环境相结合。

Q4 如何进行家庭农场的劳动关系管理？

家庭农场劳动关系管理就是农场与员工签订劳动合同，确定员工的权利与义务，按照《中华人民共和国劳动法》（以下简称《劳动法》）的规定处理遇到的各类问题。因此，家庭农场要规范聘用人员的程序，不能损害劳动者的利益。劳动者可以通过《劳动法》来保障自己的切身利益。

（1）劳动合同的内容　家庭农场与员工签订劳动合同时，首先要以《中华人民共和国劳动合同法》为依据，然后再根据当地经济条件、文化发展水平和农场的基本状况等做出一些改动。具体来说，劳动合同应该包括：用人单位名称、住址和法定代表人；劳动者的姓名、住址和居民身份证或者其他有效身份证件号码；劳动合同的期限、工作内容和地点；工作的时间和休息规定；劳动报酬等。

（2）劳动者的权利和义务　《劳动法》第3条明确规定，劳动者享有平等就业权、取得报酬的权利、获得劳动安全卫生保护的权利、提请劳动争议处理的权利及法律规定的其他劳动权利。家庭农场主在雇用工人时必须满足以上规定，保护劳动者权益不受损害。

同时，劳动者应当完成任务，提高职业技能，执行劳动安全卫生规程，遵守劳动纪律和职业道德。

（3）处理劳动争议的途径　家庭农场的生产经营过程中，难免会出现一些纠纷和矛盾，当家庭农场的利益与雇佣劳动力的利益出现冲突时，会引起劳动争议。《劳动法》第77条规定，用人单位和劳动者发生劳动争议，当事人可以依法申请调解、仲裁、提起诉讼，也可以协商解决。因此，当出现劳动争议时，用人单位和劳动者可以通过有效的途径来捍卫自己的权益。

Q5 家庭农场为什么要创建品牌？

品牌是用来区别其他产品、证明品质的一种标志。因此，品牌一定要有自己的标识，让人能够一目了然，但只有标识是不够的，更要有产品内涵。品牌由品牌名称和品牌标志组成，一般包括名称、符号、设计、象征等（图6-1）。

图6-1 品 牌

近年来，随着经济的发展，农业综合生产能力不断提高，尤其是蔬菜、水果等这类季节性强、贮存时间短和销售周期短的农产品产量大量增加。与此同时，随着生活水平不断提高，人们越来越重视营养健康，食品安全问题受到广泛关注。品牌常常与质量挂钩，知名度高的品牌会得到更多人的青睐，同时农产品市场向着规模化和品牌化的趋势发展。因此，品牌对家庭农场的生产和经营至关重要。小农户由于分散经营，很难保证产品数量和质量的稳定，而且也没有打造品牌的实力和条件。但家庭农场却恰恰相反，其可以进行规模经营并且能够保障稳定的农产品数量及质量。所以，家庭农场可以通过创建品牌提高经营效益。

Q6 家庭农场如何创建品牌？

（1）实行规模化经营　创建品牌的必要前提就是要实行规模化经营。因为没有规模化经营，就形成不了规模化的产量，也就难以形成稳定的销售渠道，更打造不了品牌。因此，在一定规模和市场的基础上，家庭农场要根据不同地区的经济、技术、文化等条件来创建品牌。

（2）推行标准化生产　众所周知，有品牌的农产品价格通常比没有品牌的同类产品高，质量也会更好。随着生活水平的提高，人们追求的不再是吃得饱不饱，而是吃得好不好，更加注重农产品的质量和安全。因此，想要提高农产品的质量，在生产时要有统一的标准并且要实行科学和规范的管理。

家庭农场要严格按照国家的相关标准生产无公害农产品，有条件的家庭农场还可以建立自己的绿色食品和有机食品生产基地，进行绿色食品和有机食品认证（图6-2）。家庭农场的生产过程中，要做到以下几点：①在生产过程中要统一标准、统一操作规程、统一产品质量；②在生产过程中要不断改进农产品品种，不断推广相关的新技术；③为了保障农产品的质量安全，可以建立可追溯体系。家庭农场产品品牌建设的各个环节和阶段都要在严格有效的监控之下，从而打造优质的农产品品牌，提高家庭农场的综合竞争力。

（3）做好品牌宣传　要打造一个众所周知的品牌，最重要的一点就是做好品牌宣传，提高人们对品牌的认知度，扩大品牌的知名度和影响度。那么如何提高品牌的知名度呢？①要充分利用报纸、广播、电视和互联网等媒体，加大推广家庭农场品牌的力度，做好宣传工作，进而提高知名度。②要积极参与农产品展销活动，充分利用农产品博览会、农产品展销会等活动推广家庭农场的品牌。③发展较快的家庭农场要积极开拓经营模式，可以加入产品配送服务，或者进行连锁经营，进而扩大农产品营销范围，达到提高品牌知名度的目的。

无公害农产品

绿色食品

有机食品

图6-2　无公害农产品、绿色食品、有机食品标志

Q7 怎样推销家庭农场的产品？

（1）**人员推销**　人员推销具体是指通过专门负责推销的人员直接与消费者进行面对面的沟通，回答消费者关于产品提出的问题，同时传达有用信息的一种推销方式。人员推销是最普遍、最直接的一种推广方式，也是使用最多且推广效果较好的一种方式。

（2）**广告**　广告是指家庭农场借助某种媒介向消费者传递农产品信息的一种方式，如通过报纸、杂志、电视和互联网等宣传家庭农场的产品，扩大产品知名度。家庭农场要根据自身的情况采用不同的广告策略。例如，若家庭农场实力较低则不适合做大型广告；地方性产品不适合打全国性的广告，应该以地区为重点。

（3）**营销推广**　营销推广是指在以等价交换为特征的市场推销的交易活动中，家庭农场以各种手段（农业展览会、农业展销会、农业博览会等）向顾客宣传自己的产品，以提高产品销售量的一种经营活动。这种方式有利于提高产品的知名度，激发消费者购买产品的欲望，使农场主能更多地了解市场上竞争对手的信息。

（4）**网络营销策略**　网络营销是以国际互联网络为基础，利用数字化的信息和网络媒体的交互性来实现营销目标的一种新型市场营销方式。简单地说，网络营销就是以互联网为主要手段进行营销的方式。为达到一定的营销目的，网络营销可以更有效地促进交易活动。随着互联网的快速发展，家庭农场也应顺应时代，抓住机遇，利用好互联网这个平台。

网络营销的方法主要有以下 6 种。

①网上商店　家庭农场可以创建自己的网站以销售农产品，也可以在第三方（如京东、淘宝）提供的平台上经营网上店铺，就像在商场中租用场地开店一样。

②会员制营销　会员制营销已经成为电子商务的有效营销手段，国外许多网上零售型网站都实行了会员制。

③网络广告　在网站上插入促销广告，可以形成有效的视觉冲击，引起消费者注意，进而可以获得更高的点击率，达到促进销售的目的。

④邮件营销　广告太多的话可能会使用户反感，为了减少广告对用户的打扰，家庭农场可以用邮件的方式保持与客户之间的联系，提高他们对品牌的忠诚度。

⑤网络视频营销　家庭农场通过数码技术将产品的概况以视频图像的形式上传到互联网上，消费者只需要进入网站就能看到产品和农场的情况。

⑥微博微信营销　家庭农场可以注册自己的官方微博、微信，定时更新自己的状态，发布一些产品信息，达到促进销售的目的。

家庭农场主需要与时俱进，不断提升自身的综合能力，不仅要利用网络营销增加产品销量，还要依托网络资源学习相关知识，收集对自己有利的信息，并且要及时发布信息，让消费者能够快速得到自己所需产品信息。下面介绍2个农业网络平台。

一是中国农业信息网（http://www.agri.cn），是农业部官方网站，是具有权威和广泛影响的国家农业综合门户网站。中国农业信息网集54个精品频道、28个专业网站及各省（区、市）农业网站为一体，并且由全国各级政府农业网站联网运行。用户可以根据不同地区或者不同农产品查询自己所需的信息。

二是中国农业网（http://www.zgny.com），是政府部门举办的官方网站。家庭农场主要经常上网了解相关信息和政策，以免政策的变动影响自己的利益；还可以根据政策导向，发现有利于农场经营的相关信息，有助于家庭农场主提前做好种植计划，从而提高农场的经济效益。

案例1　互联网＋农业

乐农之家

乐农之家以知农、富农、乐农为目的，以互联网＋农场＋电商为发展模式，通过互联网、物联网、智能终端的创新技术与现代化生态农牧业养殖相结合，解决千百年来农业的粗放式管理、资金不足、供需失衡、产业链松散、食品安全等难题，推进中国农牧业全产业链的创新发展。

互联网生态养殖的共享模式以实体农场为基点，将用户与养殖农户连接起来。第一，用户可以通过共享的农场认养生态产品，体验当"农场主"的乐趣。第二，生态产品本身受市场欢迎，这种互联网生态养殖直接把生态产品送到消费者面前，解决了消费信息不对称的问题，既保护了消费者权益，又保护了养殖农户的权益。第三，它解决了养殖农户因资金不足而无法扩大经营的问题。第四，互联网的大数据提供了产品溯源体系，确保了生态产品免受食品安全问题的影响。

乐农之家坚持生态养殖理念，发展绿色农业。以互联网为工具，利用互联网高度透明和强用户体验等特性，将实体农场与大众连接起来，打造全新的线上认养、线下代养 O2O 生态养殖场景，引导那些远离山林、草原、田园的都市人投身于生态农业的建设中。

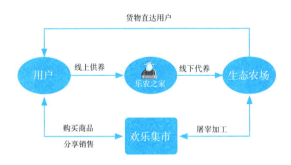

乐农之家经营模式示意图

（资料来源：中国贸易金融网，2017-10-26）

Q8 家庭农场的收入和支出有哪些?

（1）收入　家庭农场的收入就是指一定时间内家庭农场经济利益总收入（表6-1）。这些收入是在销售产品、提供劳务和让渡资产使用权等经营活动中形成的，具体包括农产品销售收入、工资性收入、商业性收入、服务性收入、投资性收入、补贴性收入和其他收入。

表6-1　家庭农场的收入构成

项　目	金额（元）	说　明
农产品销售收入		销售商品农产品所取得的资金流入
工资性收入		外出务工或为他人帮工取得的收入
商业性收入		经商盈利、出租设施设备等取得的收入
服务性收入		利用设备设施为他人提供服务所取得的收入
投资性收入		投资回报、参股分红、存款利息等取得的收入
补贴性收入		政府的各类补贴
其他收入		奖金、受赠、偶然所得、人情收入等

（2）支出　家庭农场的支出就是指在一定时期内家庭农场进行生产经营和日常生活所产生的支出费用。家庭农场的支出包括两个方面：生产性支出和生活性支出。

①生产性支出　家庭农场的生产性支出包括土地流转费、劳动雇工开支、外来服务支出、外来投资支出、设施设备租赁费、设施设备维修保养费、设施设备折旧费（一般按5年折旧制，永久性建筑按35年折旧制）等。

②生活性支出 家庭农场的生活性支出包括基本生活开支、出行和旅游开支、水电网费（生活用和生产用合并计入生活开支）、保险费（家庭成员的人身保险、家庭财产保险、农业生产保险合并计入）、管理费（办公材料费、差旅费）等。

Q9 **家庭农场在生产中可以利用哪些先进技术？**

（1）立体生产技术 立体生产技术（表6-2）就是指充分利用立体空间和各种资源的一种种植（养殖）技术。广义来说，立体生产技术也可以理解为充分利用时间、空间等多方面种植（养殖）条件来实现优质、高产、高效、节能、环保的农业种养模式。它的好处主要包括以下几点。

表6-2 立体生产技术

技术名称	实例
间作、混作、套作	间作是两种作物相间种植，典型是玉米＋大豆；混作是几种作物种子混合播种同时生长；套作是作物成熟前播种下一季作物，如小麦生长后期套种棉花
棚架式立体生产	葡萄架、瓜棚下可栽培耐阴植物，如生姜、大豆；其下部空间可养鸡、鹅等
立体养殖技术	多层养鸡、多层养兔；水产养殖中多种鱼类混养
阳台农业和屋顶农业	利用阳台和屋顶的空间发展种养项目

①集约 即集约经营土地，体现出技术、劳力、物质、资金整体综合效益。

②高效 即充分挖掘土地、光能、水源、热量等自然资源的潜力，同时提高人工的利用效率。

③持续　即减少有害物质的残留，提高农业环境和生态环境的质量，增强农业后劲，不断提高土地（水体）生产力。

④安全　即产品和环境安全，体现在利用多物种组合来同时完成污染土壤的修复和农业发展，促进经济与环境友好发展。

立体生产技术，可以充分挖掘土地、光能、水源、热量等自然资源的潜力，缓解人地矛盾，缓解粮食与经济作物、蔬菜、果树、饲料等相互争地的矛盾，提高资源利用率；可以充分利用空间和时间，通过间作、套作、混作等立体种养及混养等立体模式，较大幅度提高单位面积的物质产量；可以提高化肥、农药等的利用率，减小残留的化肥、农药等对土壤环境、水环境的影响。总之，立体生产技术坚持环境与发展"双赢"，促进经济与环境友好发展。

（2）低洼地基塘综合利用技术　低洼地基塘综合利用技术最早出现于珠江三角洲和太湖流域桑基鱼塘。由于当地有许多地势低洼的地方，每逢暴雨便积水不退，于是农民就把洼地深挖成池塘养鱼，挖出的泥土将周围的塘基抬高加宽，形成了一种特有的物质、能量转换系统。其一般包括桑（桑树）基鱼塘、蔗（甘蔗）基鱼塘、果（水果）基鱼塘等类型。

①桑基鱼塘　塘基植桑、蚕沙（蚕粪）喂鱼、塘泥肥桑，栽桑、养蚕、养鱼三者结合、互相促进，形成良性的生态循环系统，既避免了水涝，又能取得较理想的经济效益，同时还减少了环境污染。

②蔗基鱼塘　蔗基鱼塘是一种养鱼与甘蔗种植相结合的农业生产方式，具体是指鱼塘边种甘蔗，用蔗叶和甘蔗制糖后的蔗渣喂鱼，同时塘泥用作蔗地的肥料。这种类型在广东省最为普遍。

③果基鱼塘　在鱼塘周围种植果树，用塘泥做果树的肥料，

从而使养鱼和果树种植兼得，并取得较好的经济效益。

（3）**人工食物链技术**　人工食物链技术是以人工生物种群代替自然生物种群的技术，是有利于废弃物的多级综合利用、抑制物质和能量损失的生物过程。例如，作物秸秆还田可增加农田有机质含量，提高土壤肥力。但若在其中增加一个草食动物环节，如将稻草进行氨化处理后喂牛，再以牛粪的方式返回农田，则系统效益会更高。如果再用牛粪生产食用菌则能产生更好的效益。

（4）**生态种养技术**　生态种养技术是指在保护、改善农业生态环境的前提下，遵循生态学、生态经济学规律，运用系统工程方法和现代科学，进行集约化经营的技术。具体来说，生态种养技术就是利用绿色植物的光合作用，为养殖业的生产提供大量的饲料或饵料，同时养殖业产生的废弃物又为种植业提供了优质的肥料，从而达到相互促进的效果，如果（茶）园养鸡、稻田养鱼、稻田养鸭等。

（5）**节水农艺技术**　节水农艺技术是指水、土、作物资源综合开发利用的系统工程技术。我国是农业大国，农田用水量大约占全国用水总量的63%。但是，其中真正被农作物吸收的还不到30%，大量的水在灌溉过程中被蒸发掉。因此，需要改进灌溉方式，发展节水农艺技术，提高用水的有效性。

①滴灌　滴灌是利用塑料管道将水通过直径约10毫米毛管上的孔口或滴头送到作物根部进行局部灌溉。它是目前干旱缺水地区最有效的一种节水灌溉方式，水的利用率可达95%。滴灌较喷灌具有更高的节水增产效果，同时可以结合施肥，提高肥效1倍以上。该技术可适用于果树、蔬菜、经济作物及温室大棚灌溉，在干旱缺水的地方也可用于大田作物灌溉。其不足之处是滴头易结垢和堵塞，因此应对水源进行严格的过滤处理。

②喷灌　喷灌是借助水泵和管道系统或利用自然水源的落差，把具有一定压力的水喷到空中，散成小水滴或形成弥雾降落到植物上和地面上的灌溉方式。喷灌的优点是省水增产，便于实现机械化、自动化，可以大量节省劳动力，同时提高了土地的利用率。此外，喷灌对各种地形都很适应，在坡地和起伏不平的地面均可进行喷灌。

（6）水肥一体化技术　水肥一体化技术是将灌溉和施肥融为一体的农业新技术。它是将肥料按土壤养分含量和作物种类的特点配成肥液，使水肥相融后，通过管道和滴头形成滴灌，使主要根系和土壤始终保持疏松和适宜的含水量。与此同时，它根据作物不同生长期需水情况和需肥规律情况进行不同的需求设计，把水分、养分按比例直接提供给作物。水肥一体化技术需要依赖滴灌系统来实施，在设施农业和无土栽培中广泛应用。

水肥一体化技术的优点：①提高肥料的利用率。灌溉施肥的肥效快，可以避免肥料施在较干的表土层引起的挥发损失、溶解慢，最终肥效发挥慢的问题，尤其避免了铵态和尿素态氮肥施在地表挥发损失的问题，既节约氮肥又有利于环境保护。②降低设施蔬菜和果园中因过量施肥而造成的水体污染问题。水肥一体化技术通过人为定量调控，满足作物在关键生育期"吃饱喝足"的需要，杜绝了缺素症状，因而在生产上可达到作物的产量和品质均良好的目标。

（7）畜禽排泄物固液分离技术　国家对环境保护的重视程度越来越高，加大了对养殖业排泄污水粪便的整顿力度，以减少对环境的污染。畜禽排泄物固液分离技术是指在养殖场排污口安装固液分离设备，分离出的液体部分可以利用 PVC 管网系统直接排入农田作肥料或排入养殖水域养鱼，固体部分经脱水、压缩等环节生产出肥效较高的固体有机肥或复合肥。畜禽排泄物固液分离技术可以有效地利用废弃物，既保护了环境，又循环利用了资源。

Q10 家庭农场配置农机时须考虑哪些因素？

在经营家庭农场的过程中，每一个家庭农场主都必须考虑如何科学合理地配置农机数量，才能既解决生产的实际需要，又缓解资金上的压力，同时提高农场的经济效益。特别是从事种植业的农场主，需要依靠农业机械来提高劳动生产率。以种植业家庭农场为例，家庭农场在配置农机时一般需要考虑以下 5 个因素。

（1）**农场规模**　家庭农场购置农机时需要考虑的关键因素就是农场的规模。大型的家庭农场可以购置大型的机械，而小型的家庭农场则只需购置日常所需的小型机械。可以根据家庭劳动力的数量来确定家庭农场的规模。根据人均年工作量测算，一般人均经营面积为 100 亩较为合适，而一般家庭常年劳动力大约为 1～5 人，因此种植型家庭规模应控制在 100～500 亩较为合适。这样不仅有利于保证规模效益，而且可以使家庭农场的劳动力充分就业。

（2）**农机种类**　种植业可用的农机种类较多，因此家庭农场需要根据不同的种植作物来合理配置农机的种类。一般来说，家庭农场主要需要农田耕作和收获机械。兴办家庭农场之初，资金方面会受到很大约束，农场主应根据实际需要选择农机种类。此外，收获机械因社会化服务水平较高、资金等原因可以早期租借，后期考虑自配。

（3）**农机质量**　农业生产受时间和季节的影响很大，农忙时节抢收抢种的时间就格外重要，因此农机的质量会大大影响农机的作业效率。如果农机的质量不高，在使用过程中就会出现问题，不仅会增加维修费用，更重要的是会延误作业时间，造成更大的损失。因此，选择质量好、维修方便的农机显得尤为重要。家庭农场主一般选择本地区常用的农机类型，最好是当地设有服务网点的农机企业的产品，便于后期修理和更换零件。

（4）**农机价格** 在购置农机时，各地政府对农机都有一定的补贴优惠政策，家庭农场主在购买农机前要充分了解欲购机械的价格和补贴政策。如果家庭农场的种植面积较大，则可以考虑性能好且价格高一些的农机；如果家庭农场的种植面积较小，那么可以考虑物美价廉型的农机，从而节约成本。

（5）**农机数量** 精确测算农场规模后，可以确定农机的数量。大约 300 亩以下的小型家庭农场，一般配置一台不同类型的农机就可以解决实际需要；300 亩以上的家庭农场，则需要进行计算才能确定农机的数量。在测算过程中，配备农机关键数据是单台农机一个作业季节的最大作业量，根据不同区域气候，这个数据可能会有较大的差异。

一个作业季节的单台农机最大作业量 = 单台农机每小时作业量 × 每天作业 8 小时 × 一个作业季节有效作业日

家庭农场需要的农机数量 = 家庭农场需要农机完成的作业量 / 一个作业季节的单台农机最大作业量

通过上述公式，就可以计算出一个作业季节单台农机的最大作业量和家庭农场需要的农机数量。

一般按照向下取整后得到的数据配置农机数量，这样农机使用效率较高；若所得数据取整后余数大于 0.6 时，则可以考虑待资金充足时向上取整配备农机，以更好地满足生产需要，还可以通过出租方式来提高农机具使用效率。

Q11 家庭农场应如何配置农机？

从事种植业的家庭农场在耕作、种植、管理、收获各个环节配备的农机类型是不同的。如果家庭农场在配置农机时一次性投入较多的资金，则经营的压力就会很大，并且经济效益不一定很好。因此，家庭农场配置农机时可以采取三步走战略，既能解决生产需要，又能缓解资金压力，同时也可取得较好的经济效益（表6-3）。

表6-3 农机配置方式

家庭农场发展阶段	农机配置方式	具体方法
兴办初期	租赁为主，自配为辅	租赁社会化服务好的农机具；购置价格低又急需的农机具，同时还可以考虑雇人来代替少部分农机作业
规模稳定期	自配为主，租赁为辅	优先配置性能良好且使用便利的农机具，尽可能地减少雇人替代农机作业，可以和其他农场建立互助组
发展成熟期	自行配备，适当外租	配置所需农机，对于用的少的农机具可以出租；同时对之前价格低质量差的农机具进行换代，采购性能好的农机

（1）租赁为主，自配为辅 家庭农场兴办初期，农用物资的费用、土地流转承包的费用及基础设施所需费用占总费用的比重

很大，且家庭农场前期的资金积累较少，银行贷款的额度也不是很高，因此家庭农场的资金压力较大。这时农机配置可采用"租赁为主，自配为辅"，最好采取租赁的方法获得社会化服务程度较高的农机。此外，家庭农场可以凑出资金购置价格不高且又急需的农机，同时还可以雇佣一部分劳动力来代替少部分农机作业。

（2）自配为主，租赁为辅　待家庭农场经营一段时间后，基础设施的费用会降低，家庭农场的资金积累和银行贷款额度都会相应提高。此时农机配置应采取"自配为主，租赁为辅"。家庭农场应优先考虑性能好且使用方便的农机，后期可以采购社会化服务程度较高的农机，同时尽可能减少代替农机作业的劳动力。此外，家庭农场还可以与其他地区的家庭农场建立互助组，在采购和使用农机的过程中互相合作，进而提高农机的使用效率。

（3）自行配备，适当外租　待家庭农场发展成熟时，其各方面的条件会进一步改善，并且资金的压力也较小，这时配备农机时可以采用"自行配置，适当外租"的方式。家庭农场生产所需农机应该尽可能地配置到位，可以考虑适当出租一些使用效率不高的农机具；同时，对前期购置的部分价格较低且质量不高的农机具进行更新，采购一些性能好、质量高的农用机械，合理优化配置农机，以便更好地发挥农机效能。

Q12 家庭农场农机补贴政策有哪些？

农机购置补贴是国家"四补贴"强农惠农政策的重要内容，是贯彻落实中央一号文件的重要举措（表6-4）。

① 2012年农业部办公厅、财政部办公厅研究制定了《2012年

表 6-4　农机补贴政策

年　份	制定者	政策文件
2012 年	农业部、财政部	《2012 年农业机械购置补贴实施指导意见》
2014 年	农业部、财政部	《2014 年农业机械购置补贴实施指导意见》
2015 年	农业部、财政部	《2015—2017 年农业机械购置补贴实施指导意见》
2017 年	农业部	《关于加快农机购置补贴政策实施促进农业供给侧结构性改革的通知》

农业机械购置补贴实施指导意见》，旨在加快农业发展方式转变，保障农业综合生产能力提高，促进现代农业发展，最大限度发挥农机购置补贴政策效应，推进农业机械化又好又快发展。

② 2014 年农业部办公厅、财政部办公厅出台了《2014 年农业机械购置补贴实施指导意见》，旨在确保农机购置补贴政策科学、规范、高效、廉洁实施，充分发挥农机购置补贴政策效应，加快农机发展方式转变，推动农业机械化和农机工业又好又快发展，促进农业综合生产能力提高。

③ 2015 年农业部办公厅、财政部办公厅联合印发了《2015—2017 年农业机械购置补贴实施指导意见》。新政策进一步加大了改革创新力度，更加体现尊重农民的自主权、顺应市场化需求的原则，体现公共财政政策的普惠与产业发展政策的重点导向，在政策实施格局上坚持简政放权，坚持删繁就简，着力推进政策实施的针对性、稳定性、普惠性、安全性，切实保障资金安全，确保补贴政策高效安全实施。

④ 2017 年农业部发布了《关于加快农机购置补贴政策实施促进农业供给侧结构性改革的通知》，具体包括大力推行敞开补贴、优化机具分类分档、加大推广鉴定力度、加强政策实施监管。

Q13 家庭农场在经营过程中会遇到哪些风险？

（1）**自然风险** 家庭农场在经营过程中受自然环境的影响很大，遭受自然风险的概率会大于其他类型的企业。农业生产的季节性特点，致使出现了在农忙时劳动力比较紧缺、在农闲时劳动力浪费的现象，不利于劳动力资源的合理分配。此外，如果家庭农场在经营过程中遇到天气异常现象，如倒春寒、冰雹、洪水、旱灾等天气，会使农作物大量减产。尤其是洪涝灾害对农作物的影响几乎是毁灭性的。

（2）**技术风险** 不成熟的技术或者使用不当的技术会给经营者带来巨大的风险。例如，在"二战"中，为了灭虫，大量使用农药，导致了严重的环境污染问题。在家庭农场生产经营中，如果技术使用不当，就可能造成技术事故。例如，除草剂有两类，如果在实际操作中用错了除草剂，则会导致杂草没杀死反而伤害了农作物。

（3）**经济风险** 经济风险是在生产经营和买卖过程中，因农场主管理不善、市场预测错误、价格波动较大、需求变化等因素造成经济损失的风险。

①市场风险 大部分农作物都是日常生活必需品，有很大的需求量，但是我们都不能预测价格，因而存在一定的市场风险。例如，猪肉价格高则大家都养猪，使得供过于求，进而导致价格下降。

②投资风险 投资风险是指农场在对基础建设投资时面对的风险，因为基础设施建设的时间比较长，投入资金量大，只能从完工后的经营中收回成本。如果农场主在创办农场初期没有做好投资规划，那么后期农场遭受风险的可能性大。

③销售风险 销售风险是指家庭农场产品在销售时面对的风险，如农产品积压、腐烂、损坏等原因导致产品销售不出去，造成经济损失。农产品具有鲜活性、易腐烂等特点，因此家庭农场经营很容易遭受销售风险。

Q14 家庭农场保险政策有哪些？

从 2008 年开始，国家稳步扩大政策性农业保险试点范围，加大了对粮食、油料、生猪、奶牛生产的各项政策扶持，支持发展主要粮食作物政策性保险。加强农业的基础地位，持续加大支农惠农力度，将是今后一个时期的长期国策，而农业保险作为其中的组成部分，正迎来大好时机（表6-5）。

表 6-5　家庭农场保险政策

年　份	制定者	政策文件
2012 年	国务院	《农业保险条例》
2013 年	国务院	《中共中央国务院关于加快发展现代农业进一步增强农村发展活力的若干意见》
2016 年	财政部	《关于加大对产粮大县三大粮食作物农业保险支持力度的通知》
2016 年	财政部	《中央财政农业保险保险费补贴管理办法》

① 2012 年 10 月 24 日国务院发布了《农业保险条例》，这是目前层次最高的一部农业保险法规，对规范农业保险活动、保护农业保险活动当事人的合法权益做出了明确规定。

② 2013 年国务院发布了《中共中央国务院关于加快发展现代

农业进一步增强农村发展活力的若干意见》，指出"健全政策性农业保险制度，完善农业保险保费补贴政策，加大对中西部地区、生产大县农业保险保费补贴力度，适当提高部分险种的保费补贴比例；开展农作物制种、渔业、农机、农房保险和重点国有林区森林保险保费补贴试点；推进建立财政支持的农业保险大灾风险分散机制。"

③ 2016 年年初，财政部出台《关于加大对产粮大县三大粮食作物农业保险支持力度的通知》，规定省级财政对产粮大县三大粮食作物农业保险保费补贴比例高于 25% 的部分，中央财政承担高出部分的 50%。政策实施后，中央财政对中西部、东部的补贴比例分别将由目前的 40%、35% 逐步提高至 47.5%、42.5%。

④ 2016 年年底，为做好中央财政农业保险保险费补贴工作，提高财政补贴资金使用效益，财政部印发《中央财政农业保险保险费补贴管理办法》，对 2017 年农业保险保险费补贴政策、方案、保障、管理等方面都做出了详细规定，进一步加强对农业保险的补贴力度。

附　录

附录 1 北京市家庭农场扶持政策 及发展情况

北京市认真贯彻落实中央 1 号文件，按照《农业部关于促进家庭农场发展的指导意见》要求，积极开展家庭农场培育工作。以下是北京市家庭农场的发展情况及一些扶持政策。

1. 北京市家庭农场相关扶持政策

为引导家庭农场规范有序发展，北京市制定了有关政策意见。一是制定下发了《关于引导规范家庭农场健康发展的通知》，进一步明确北京市家庭农场的基本特征、鼓励开展试点的基本原则。二是贯彻《中国人民银行关于做好家庭农场等新型农业经营主体金融服务的指导意见》，会同中国人民银行营业管理部、北京银监局共同出台《关于扎实做好新型农业经营主体金融服务、大力推动北京农业现代化发展的意见》，并组织有关金融机构开展家庭农场、合作社等新型经营主体金融需求调研。

2. 北京市家庭农场工作方向

2015 年，北京市农委贯彻十八届三中全会关于深化改革、加快培育新型经营主体的要求，继续推进通州区漷县镇黄厂铺村家庭农场试点。

试点探索建立土地流转价格形成机制、家庭农场准入和退出机制、老年农民退养机制 3 项机制，由村集体经济组织作为中介方，将耕地流转集中，划定成方连片的若干地块，通过民主程序择优选择家庭农场经营者。试点区域 1 359.64 亩，村集体将试点区域划分为 8 个地块，其中面积最大的地块 209 亩、最小 124 亩，从本村招募 8 户农户经营家庭农场。试点实施一年以来，初步成效良好：原有 100 多户承包地间的田埂夷平，亩均增加一分可耕种土地；土地平整后可实施平播，大机器收割可多收 20% 用于青储玉米；实现长期稳定的规模经营后，经营者增加投入，进行节水改造，进一步节水 10% 以上。

3. 探索北京家庭农场发展模式

指导各郊区县按照农业部总体要求，结合本地区实际开展家庭农场培育试点。积极参加农业部家庭农场培训班，通州、房山、大兴、昌平等区县按照农业部要求，在市农委指导下积极探索家庭农场发展模式，组织做好监测数据采集等工作。其中，房山区成立了家庭农场建设工作领导小组，统筹协调推进家庭农场建设工作。起草制定的《房山区家庭农场试点建设工作实施意见（试行）》，确定了农户自愿、试点先行、稳步推进、规范发展、先易后难、自下而上、政策集成、典型示范的发展思路，制定了试点先行、示范带动、规范发展的工作目标，明晰了"四有""四化""四统一"的建设内容及标准。

（1）基础建设"四有"标准

有规模：种植规模面积达到试点界定标准，有较强的带动能力和示范作用。

有标牌：统一设立家庭农场标志牌，相关生产管理制度齐全，并上墙公开。

有场所：有与生产经营相适应的场房场地，具备基本的经营

条件。

有配套：具有基本的配套设施、生产基础，农业生产主要环节基本实现机械化。

（2）生产过程"四化"标准

生产组织化：有详细的年度生产计划，按计划组织生产。

管理科学化：生产过程中有详细记录，形成记录档案。

营销市场化：有稳定的销售渠道，销售记录完善。

技术标准化：定期接受农业生产技能培训，实行标准化生产。

（3）组织管理"四统一"标准

统一设立家庭农场标识、标牌：由区主管部门统一颁发标识牌，并鼓励其在工商部门注册登记。

统一填写生产、销售记录：由区主管部门印制下发生产和销售记录手册，并形成完备的档案资料。

统一技术指导和社会化服务：在尊重农户意愿的基础上，区主管部门及试点乡镇做好产前、产中、产后的指导和服务工作。

统一考核验收：区主管部门定期开展阶段性验收工作，年底组织开展全面的年度考核验收工作。

在此基础上，房山区为试点农场制作了统一的"家庭农场标牌"，根据建设标准印制了统一的"生产技术规程""建设标准""生产记录手册"；为监测农场提供肥料、药剂等物质帮助，同时对农户的种植提供全程的跟踪服务，定期安排专业技术专家到现场指导服务。

2015年年初，北京市农委对2014年开展家庭农场试点工作扎实、成效明显的通州区、房山区分别给予200万元、100万元工作创新奖励。

4. 北京市家庭农场发展存在的问题

一是北京市土地流转费较高，规模化经营成本居高不下，家庭农场自主发展的内生动力不足。2014 年通州区黄厂铺村周边的土地流转费已高达每亩 2 100 元左右。

二是试点经营者为传统粮食生产农户，主要依靠经验开展生产经营，规模经营管理经验欠缺，市场经营意识不强。

三是社会化服务体系不完善，导致经营者在播种、机收、病虫害防治、融资等方面亟须扶持。特别是晾晒场地问题，过去农户小规模种植，分散晾晒；规模经营后，家庭农场缺乏统一集中晾晒场，影响了粮食品质；旋耕机、收割机、抽水机、播种机等生产资料欠缺专门库房统一存放。

5. 北京市家庭农场发展建议

从通州区黄厂铺村试点看，北京市发展规模化粮食生产，最大的障碍是土地流转费用过高，深层的制度障碍是在土地流转费用高涨之前没有划定严格限制用途的粮食生产区。因此，在目前情况下，完全依靠市场手段在全市推广粮食生产家庭农场的基础条件不具备，目前只是鼓励区县开展一些试点，探索经验做法。

2015 年年底前，北京市"两田一园"（80 万亩粮田、70 万亩菜田、100 万亩果园）划定基本落地，土地用途管制将进一步细化明确，耕地保护补偿、生态补偿等制度将健全完善。2016 年北京市将进一步研究推广家庭农场、促进粮食生产规模化发展的政策制度，促进家庭农场发展。

附录2　部分地区土地流转补贴方式 与补贴标准

单纯从流转土地申请补贴来讲，目前国家和地方都有不同的规定，国家明确说明，推进土地规范流转，鼓励有条件的农户流转承包土地的经营权，加快健全土地经营权流转市场，有条件的地方，可以对流转土地给予奖补，各个地方按照自身财政能力给予土地流转一定的补贴。

下面我们以一些地区为例介绍对土地流转补贴的方式与额度。这些地区的相关经营者在流转土地时可以向当地农业局申请土地流转补贴。

陕西省

给城镇规划区以外连片规模流转耕地在1 000亩以上的村或村民小组，按流转面积每亩地10元的标准，由省财政出资对村（组）集体予以奖励。2014年以前规模流转耕地达到1 000亩以上的，在2015年初与2014年达标村（组）一并给予奖励。

湖北省武汉市

对全市符合条件、达到规模经营的业主实行补贴。享受补贴的业主须同时符合下列条件。

①流转的土地必须是全市范围内的农民（农工）依法承包的土地；

②流转期限在 10 年以上且不超过法定的剩余年限；

③以有效流转合同为依据；

④流转并集中连片经营的土地需达到 1 000 亩（含 1 000 亩）以上；

⑤流转并实行规模经营的土地必须是从事种植业生产；

⑥流转双方应经乡镇（街）农村土地流转服务中心交易、签约、鉴证。

对审核符合条件的业主给予每亩地 50 元补贴，用于土地整理及基础设施建设等。

市财政每年安排 100 万元，用以奖代补的方式对区、乡镇（街）的土地流转服务平台建设成绩突出的予以补贴。

四川省郫县

对投资建设 500 亩以上的农业产业化基地，待项目实施完毕后，由县财政给予一次性奖励。对规模在 500 ~ 1 000 亩的，按每亩 100 元奖励；对规模在 1 000 ~ 2 000 亩的按每亩 300 元奖励；对规模在 2 000 ~ 3 000 亩的，按每亩 500 元奖励；对规模在 3 000 亩以上的，按每亩 800 元奖励。

浙江省新昌县

对新增加流转连片农户承包经营的耕地种植水稻 20 亩（蔬菜 30 亩、其他 50 亩）以上、山林（森林培育、林下种养）200 亩以上、水域经营水产养殖 20 亩以上，农村土地流转年限 5 年以上并签订规范流转合同的，按流转面积分别给予经营业主和流出户一次性奖励每亩 150 元、50 元、50 元；给予乡镇（街道）、村工作经费补助耕地每亩 50 元、林地每亩 20 元。对集中连片流转耕地面积在

300～500亩、500亩以上的，再给予经营业主每亩75元、150元的奖励；给予乡镇（街道）、村工作经费补助3万元、5万元。

河北省栾城县

县级财政对农村土地流转财政奖补激励的对象和标准如下。

（1）对利用流转土地进行集中连片经营的各类经营主体给予奖励

对土地流转合同已在所辖乡镇土地流转服务站进行备案，流转期限在5年以上的农业产业化龙头企业、农民专业合作社、种植大户等各类经营主体，其土地流转面积在50亩以上的，按每亩100元的标准给予一次性奖励；流转面积达到300亩以上的，按每亩150元的标准给予一次性的奖励；流转面积达到500以上的，按每亩200元标准给予一次性奖励。

（2）对土地流转工作取得显著成绩的乡镇和土地流转管理服务中心及村集体给予奖励

乡镇政府重视土地流转工作，土地流转规范有序，成效显著，当年本辖区新增土地流转面积2000亩以上，其中规模经营面积达到1000亩以上的，一次性奖励乡镇政府1万元；土地流转管理服务中心能够及时提供指导和服务，管理规范，成绩突出，当年全县新增土地流转规模经营面积5000亩以上，对县农村土地流转管理服务中心一次性奖励2万元；乡镇所辖区域当年新增土地流转面积1000以上，其中规模经营面积达到500亩以上，对乡镇土地流转管理服务中心一次性奖励5000元；鼓励村级组织发展规模经营。凡在一个行政村内、业主集中连片经营土地面积500亩以上的，一次性奖励村5000元；达到1000亩以上的，一次性奖励村1万元。

参考文献

［1］陈军民，李勇超. 家庭农场经营与管理［M］. 北京：中国农业科学技术出版社，2014.

［2］陈义媛. 资本主义式家庭农场的兴起与农业经营主体分化的再思考——以水稻生产为例［J］. 开放时代，2013（04）：137-156.

［3］陈祖海，杨婷. 我国家庭农场经营模式与路径探讨［J］. 湖北农业科学，2013（17）：4282-4286.

［4］高海. 美国家庭农场的认定、组织制度及其启示［J］. 农业经济问题，2016（09）：103-109，112.

［5］高强，周振，孔祥智. 家庭农场的实践界定、资格条件与登记管理——基于政策分析的视角［J］. 农业经济问题，2014，35（09）：11-18，110.

［6］高志强，兰勇. 家庭农场经营与管理［M］. 长沙：湖南科学技术出版社，2017.

［7］何忠伟，赵海燕，刘芳，等. 家庭农场经营管理学［M］. 北京：中国商务出版社，2015.

［8］何忠伟. 农村金融与农户小额贷款［M］. 北京：金盾出版社，2010.

［9］何忠伟，赵海燕，赵连静，等. 农业企业经营管理学［M］. 北京：中国商务出版社，2016.

［10］何忠伟，赵海燕，黄雷. 农村发展经济学［M］. 北京：中国商务出版社，2017.

［11］侯杰，王玉红，刘如江. 家庭农场经营管理［M］. 北京：中国农业科学技术出版社，2015.

［12］黄祖辉，陈龙. 新型农业经营主体与政策研究［M］. 杭州：浙江大学出版社，2010.

［13］刘芳，程晓仙，路永强. 家庭农场发展与经营管理［M］. 北京：金盾出版社，2015.

［14］刘卫柏. 中国农村土地流转模式创新研究［M］. 长沙：湖南人民出版社，2010.

［15］李明慧，周承波. 家庭农场经营管理［M］. 北京：中国农业科学技术出版社，2015.

［16］兰勇，周孟亮，易朝辉. 我国家庭农场金融支持研究［J］. 农业技术经济，2015（06）：48-56.

［17］冷秋平. 湖北省家庭农场融资问题研究［D］. 荆州：长江大学，2015.

［18］马华，姬超. 中国式家庭农场的发展［M］. 北京：社会科学文献出版社，2015.

［19］潘义勇. 家庭农场化——现代农业之路［M］. 广州：宜南大学出版社，2016.

［20］屈学书. 我国家庭农场发展问题研究［D］. 太原：山西财经大学，2014.

［21］屈学书，矫丽会. 我国发展家庭农场的优势和条件分析［J］. 经济问题，2014（02）：106-108.

［22］秦关召，张慧娟，赵艳春. 家庭农场经营管理［M］. 北京：中国农业科学技术出版社，2017.

［23］王春来. 发展家庭农场的三个关键问题探讨［J］. 农业经济问题，2014（01）：43–48.

［24］伍开群. 制度变迁：从家庭承包到家庭农场［J］. 当代经济研究，2014（01）：37–44，96.

［25］吴忠福. 家庭农场经营与管理［M］. 北京：中国农业科学技术出版社，2015.

［26］岳正华，杨建利. 我国发展家庭农场的现状和问题及政策建议［J］. 农业现代化研究，2013（04）：420–424.

［27］衣明圣，张正一，宋述元. 家庭农场经营管理［M］. 北京：中国林业出版社，2016.

［28］杨培，王磊，张楠，等. 国内外家庭农场规模研究综述［J］. 中国农学通报，2016，32（14）：200–204.

［29］杨培，张楠，王磊，等. 中外新型农业经营主体对比及发展建议［J］. 安徽农业科学，2016，44（05）：246–249.

［30］杨伟民. 怎样做好家庭农场［M］. 北京：中国农业科学技术出版社，2014.

［31］宋洪远，赵海. 中国新型农业经营主体发展研究［M］. 北京：中国金融出版社，2015.

［32］朱信凯，于亢亢. 中国现代农业经营主体研究［M］. 北京：中国人民大学出版社，2015.

［33］张广花. 家庭农场经营读本［M］. 杭州：浙江工商大学出版社，2016.

［34］周娟. 家庭农场的本土化实践与发展［M］. 武汉：华中科技大学出版社，2016.

［35］周娟，姜权权. 家庭农场的土地流转特征及其优势——基于湖北黄陂某村的个案研究［J］. 华中科技大学学报（社会科学版），2015，29（02）：132-140.

［36］赵海燕，何忠伟. 中国大国农业竞争力问题研究［M］. 北京：中国农业出版社，2013.

［37］赵鲲，赵海，杨凯波. 上海市松江区发展家庭农场的实践与启示［J］. 农业经济问题，2015（02）：9-13，110.

［38］赵伟峰，王海涛，刘菊. 我国家庭农场发展的困境及解决对策［J］. 经济纵横，2015（04）：37-41.

［39］浙江省农业教育培训中心. 家庭农场创新与发展［M］. 北京：中国农业科技技术出版社，2014.

［40］周维宏，唐衡. 亚洲都市农业发展的国际比较研究：以北京和东京等大城市的比较为中心［M］. 北京：世界知识出版社，2014.